RECUEIL DE VOYAGES DE MR THEVENOT.

DEDIE' AU ROY.

A PARIS,
Chez ESTIENNE MICHALLET
ruë S. Jaques à l'Image S. Paul.

M. DC. LXXXI.

Avec Privilege du Roy.

SUITE DU RECUEIL,

OU

DECOUVERTE dans l'Amerique Septentrionale par le P. Marquette Jesuite.

Carte de la Découverte de la Terre de Ielmer.

Ambassade des Moscovites à Pekin, & Découverte des Païs qui sont entre la Moscovie & la Chine.

Carte de la Route d'Abel Tasman autour de la Terre Australe.

Nouvelle maniere de Niveau.

De prendre Hauteur,

De mesure universelle.

Et autres Problêmes, qui servent de Suplément à l'art de Navigation.

Avec l'Histoire naturelle de l'Ephemere.

AVIS.

L'ENVIE de connoiſtre le monde nous eſt naturelle, elle a eſté du goût de tous les ſiecles, & elle a fait l'ambition de pluſieurs de leurs plus grands hommes : Auſſi nous voyons que preſque toutes les Nations ont eû des Geographes; les Perſans & les Arabes en ont eû autant que les Grecs & les Latins; & la Geographie de la Chine eſt auſſi exacte que celle que les Grecs & les Romains nous ont laiſſée. Il y avoit eû tant de deſcriptions du monde au temps d'Auguſte, que Strabon commence la ſienne par des excuſes de ce qu'il écrivoit ſur une matiere dont tant d'habiles gens qu'ils nomment avoient écrit. Ptolomée trois ou quatre ſiecles aprés Strabon fait les meſmes excuſes, comme ſi ce ſujet eût déja eſté epuiſé dés ce temps: Mais les grands voyages qui ſe ſont faits depuis nous ont découvert une étenduë du monde plus grande que celle que les Grecs, les Romains & les Orientaux nous ont décrite. Nous ſçavons par leur moyen que les anciens ont preſque toûjours eſté trompez dans ce qu'ils nous ont rapporté des lieux où leurs Empires ne s'eſtoient point étendus, & nous ne devrons pas moins de connoiſſances & de découvertes à ces voyageurs, qu'à tous ceux qui les ont precedez, si nous comptons l'étenduë des découvertes qu'ils ont faites dans le monde & dans l'histoire de la nature, ce sont ceux qui nous ont desabusez de l'erreur où S. Augustin a esté avec beaucoup de grands & de saints personnages, que la partie de la terre au de-là de nostre Tropique n'avoit pas pû estre peuplée aprés le déluge universel. C'est de ces voyageurs que nous avons appris que la Zone Torride est une des plus délicieuses parties de la terre, & des plus peuplées d'hommes & de toutes sortes d'animaux. Beaucoup de gens de Lettres se sont exercez sur l'autre difficulté que ces voyages ont fait naître, & sur l'origine des peuples qu'ils ont découverts dans l'Amerique. Mais il se trouve que ceux qui y ont travaillé ne se sont point servis d'une preuve qui est peut-estre convainquante, toûjours est-elle plus propre pour résoudre cette difficulté, que toutes les autres qu'ils ont apportées : Et c'est par cette raison principalement que j'ay inseré dans le quatriéme volume de ce recüeil l'Histoire des Mexicains par figures, d'où je la tire.

Dans ces figures ou Histoires les années sont marquées d'une maniere particuliere aux peuples de la haute Asie, aux Chinois, aux Tartares, & à ceux du Japon. Je ne sçay point d'autres peuples que ceux-là qui ayent compté leurs années par cycles : Et comme cette maniere est subtile, & que les Americains d'aujourd'huy qui la pratiquent sont fort grossiers, il y a beaucoup de raison de croire que ces peuples sont venus d'une autre nation, & d'un autre païs que celuy qu'ils habitent, comme ces mesmes Histoires nous le marquent, & apparemment de cette partie d'Asie où on pratique cette maniere si subtile de compter les années.

On me dira d'abord que l'on ne se sçauroit imaginer comment ces peuples auroient pû traverser toute la grande mer du Sud, & faire une navigation si longue : Mais ceux à qui cette objection fait peine ne songent pas aux changemens qui peuvent arriver au Globe de la terre, ni à la facilité du trajet de la terre de Jezo dans l'Amerique Septentrionale, ils n'ont peut-estre pas fait reflection que la terre flotte dans un milieu fluide, que l'eau qui fait une partie de son globe doit toûjours estre terminée par une surface spherique, & qu'il ne se sçauroit faire de si petit changement à la position du centre de ce globe, que le mesme changement n'arrive à proportion à la surface de l'eau qui se doit toûjours tenir égalément distante de ce centre, & estre tantost plus & tantost moins convexe ou courbée selon que ce centre en est plus éloigné ou plus proche. Si-bien que si l'on ſuppoſe que par quelqu'un de ces change-gemens qui arrivent à la terre par des tremblemens, par des écroulemens & par des feux ſouterrains, ce centre approche d'un coſté de la ſurface de l'eau de 10 thoiſes, la courbure de la ſurface de l'eau changera preſque en la meſme proportion, & augmentera du coſté duquel ce centre ſe ſera rapproché : tellement que l'eau qui battoit auparavant le pied d'une falaize ou coſté de mer haute de 9 thoiſes, aprés ce changement la pourra couvrir toute entiere, & les païs qui ſeront derriere, s'ils ne ſont pas plus hauts que la falaize.

Ainſi ces païs qui eſtoient auparavant dix thoiſes plus haut que la mer, ſe trouveront inondés ſous l'eau. De ſemblables inondations peuvent avoir ſeparé la partie Septentrionale de l'Amerique, de la haute Aſie, & y avoir fait les détroits qui ſont au Nord du Japon, ils peuvent avoir abîmé l'Atlantide de Platon avec les païs dont parle Clement Alexandrin, & depuis la Groenlande que le Roy de Dannemarck cherche inutilement il y a long-temps. Par là il ſe fait des valées où il y a eû des montagnes, & des montagnes ſe peuvent élever dans les valées & dans les plaines. Le moindre changement de ce centre peut faire ces renverſemens qui paroiſſent ſi grands aux hommes à cauſe de la préſomption où ils ſont, de regler le grand & le petit ſur la meſure de ce qu'ils peuvent faire, & la durée du temps par la durée de leur vie : Il eſt vray que ces changemens ne ſont rien en comparaiſon de la grandeur du diametre de la terre ; car il n'y a point de proportion de dix thoiſes, que nous avons priſes pour exemple à tant de milliers de thoiſes, que la terre a de diametre.

Mais ce ſeroit trahir la verité que de s'en tenir là, & de dire ſeulement que ce changement a pû arriver. Il n'eſt que trop vray qu'il eſt arrivé pluſieurs fois, & il y a peu de païs où on ne trouve quelques preuves, & où l'on n'en voye des effets tres-faciles à reconnoiſtre.

Lucrece, Ovide, Strabon & Pline les ont remarquez, & ont parlé de vaiſſeaux, d'ancres, de coquillages, & de dépoüilles de poiſſons marins que l'on a ſouvent vû avec étonnement ſur les montagnes. Cependant les gens de Lettres en ont eſté rechercher d'autres cauſes qui ne ſatisfont perſonne, & qui ne les auroient pas apparamment ſatisfaits eux-meſmes s'ils s'eſtoient donné la peine d'examiner la choſe ſur les lieux.

Mais ſans renvoyer fort loing ceux de nos François qui voudroient s'en éclaircir, ils peuvent voir à une lieuë de Paris au-deſſous des murailles du Parc de Monſieur du Harlay Procureur General du Parlement de Paris, des effets fort evidens d'un de ces grands changemens. Je puis faire voir des lits de toutes ces differentes eſpeces de coquilles que la mer nourrit, & beaucoup de ces dépoüilles, & de ces os de poiſſons qui ne ſe trouvent point ailleurs que dans l'Ocean; ce qui eſt une preuve convaincante que la mer qui en eſt maintenant éloignée d'environ quarante lieuës, s'eſt autrefois étenduë juſques-là, la Seine eſt entrée en ſa place, & l'on tient qu'elle a cinq pieds de pente ſur chaque lieuë depuis Paris juſqu'à la mer.

Il y a bien des conſequences importantes à en tirer, non ſeulement pour la connoiſſance de la terre, mais auſſi pour la Chronologie du monde: Car quoy-que l'on ne puiſſe pas dire juſtement en quel temps ſemblables lits & changemens ſe ſont faits, il eſt cependant vray que d'en trouver deux ou trois au-deſſus les uns des autres, comme on les voit, ſous les fondemens de quelques Villes qui ont eſté poſez il y a plus de trois mille ans, ſont autant de bonnes preuves qu'il s'eſt fait bien des changemens dans la terre que l'hiſtoire n'a pas marquez, qu'il y en a qu'elle n'a pû marquer, ces grandes innondations entrainant en meſme temps & l'Hiſtorien & la ſcene, ou le theatre des actions qu'il doit décrire.

Et ſur tout, que l'opinion des Septantes, & du Martyrologe Romain ſur l'âge du monde, eſt plus vray-ſemblable que celle des Rabins qui ne le font pas ſi vieux que les autres, c'eſt une grande matiere à reflexions; quant à preſent ce m'eſt aſſez de faire voir la facilité de la tranſmigration des peuples de l'Aſie en l'Amerique.

Cette Hiſtoire des Ameriquains devoit eſtre ſuivie d'une découverte faite dans l'Amerique Septentrionale par le Pere Marquette Jeſuite, & le ſieur Joliet, curieuſe par pluſieurs raiſons, mais principalement à cauſe qu'elle nous donne connoiſſance de quelques païs de l'Amerique Septentrionale qui ſont depuis le 42 degré juſques au 33, & qu'elle peut épargner à l'avenir aux natiōs voiſines du Nord la peine d'aller chercher par le Nord-Oüeſt un paſſage à la Chine, puiſque ces derniers voyageurs ayant fait ſept à huit cens lieuës à travers les terres preſque toujours à l'Oüeſt depuis Quebek juſques à la grande riviere où ils s'embarquerent, & la Baye d'Hutſon eſtant preſque ſous le meſme meridien que Quebek, quand il y auroit un paſſage au bout de cette étenduë de terre il n'y auroit pas de prudence à l'aller chercher, ni entreprendre de naviger auſſi long-temps ſous un climat où diverſes tentatives ne nous ont déja que trop appris que les eaux y ſont fort long-temps glacées, ſans que l'on puiſſe s'aſſurer du temps auquel les glaces commencent, ni quand elles finiſſent.

L'Amerique n'avoit point esté connuë, ou avoit esté oubliée au temps des Romains, ils ne sçavoient rien de toute cette grande étenduë de païs depuis les rivieres du Vezer & du Danube, jusques à la Chine, & encore aujourd'huy nous ne connoissons de ce costé-là que jusques à la Moscovie, tout ce qui est depuis la Moscovie jusques à l'Amerique est demeuré jusques à cette heure inconnu. C'est un de ces vuides que les Geographes n'ont pû remplir, & où pour couvrir leur ignorance ils ont peint des visions de diables que l'on voit gossement representez en cet endroit dans la pluspart de leurs cartes.

Le voyage de l'Ambassadeur de Moscovie que je donne icy, nous apprend que dans une route de prés d'un an il ne trouva qu'une seule ville où il ne vit que deux maisons de brique ; cette relation nous apprend encore le nom & le cours du Fleuve Irtis, qui est un des plus grands Fleuves du monde, puisque cet Ambassadeur le suivit toujours l'espace de six mois : cependant il est si inconnu, que la pluspart des cartes ne le marquent point, & que celles qui le marquent le marquent mal.

Nous sçavons encore par le moyen de ce Moscovite, que toutes les Villes qui sont à l'Est de la riviere de Jenikssé jusques au Promontoire Tabin, sont toutes supposées ; mais pour en détromper le monde en voicy une au-tre

tre conviction. C'est que ces mesmes Villes dans les mesmes cartes sont encore employées dix ou douze degrez plus bas en dedans de la muraille de la Chine, que ces Cartes supposent à 55 degrez, & que les Relations de ce Recueil la mettent au 42, & une mer au Nord de la muraille qui couvre cette étenduë de païs ; où l'on avoit supposé un autre Cathay que la Chine : Ainsi cette erreur si énorme dans les Cartes, vient principalement de la fausse position de cette muraille, au delà de laquelle il n'y a que des Hordes de Tartares qui ont vécu de tout temps sous des tentes, & qui ont une si grande aversion à se renfermer dans des maisons, que lors qu'ils en rencontrent & qu'ils s'y arrestent, ils en abbattent autant qu'ils peuvent les murailles, parce qu'ils n'en peuvent souffrir la contrainte.

Avoir toujours l'odeur d'une cuisine ou d'une écurie, quelquefois toutes les deux ensemble, demeurer en mesme lieu aussi bien l'Esté que l'Hyver, ne voir que d'un costé, & cela par un trou : Il n'y a que des Barbares qui le puissent souffrir, me disoit un jour un Ambassadeur d'un Cam des Tartares.

Ce voyage nous aprend encor que la relation qu'on en avoit donnée au P. Kircher est fausse, car il en marque la route le long des bords de la mer Caspienne par un chemin qui est en effet le plus court, mais tout-à-fait different du veritable.

La pluſpart ont crû que la terre qui eſt au Sud de l'Iſle de Java eſtoit attachée aux autre terres qui ſont vers le Pole Antarctique, qu'on a découvert au Sud du détroit de M gellan : mais la route du voyage d'Abel Ta man, marquée par des points dans la Carte cy-jointe, nous fait voir que c'eſt une Iſle qu'il a tournée toute entiere. J'ay meſme quelques figures & veües de cette Iſle ou terre Auſtrale qu'il a découverte, & que je donneray un jour avec les autres Relations de cette partie du monde.

A ces connoiſſances que je tire des voyageurs j'ay ajoûté, 1°. La conſtruction d'un Niveau plus facile & plus exact que ceux dont on s'eſt ſervi juſques à cette heure.

2°. Une maniere de prendre hauteur ſur mer, lors meſme qu'on ne peut pas la prendre avec les inſtrumens ordinaires.

3°. Une nouvelle maniere de réſoudre le Probléme de la meſure de la terre.

4°. Une meſure univerſelle, & un nouveau moyen de la tranſmettre à la poſterité, que j'ay tiré de l'ouvrage des abeilles, aprés avoir veu les plaintes que fait Villalpandus, de Filander, d'Agricola, & de quelques autres Autheurs qui l'avoient precedé, ſur ce que dans un meſme Traitté ils ont rapporté diverſement une meſme meſure, & qu'un Anglois fait la meſme plainte de Portius, de Ciaconius qui

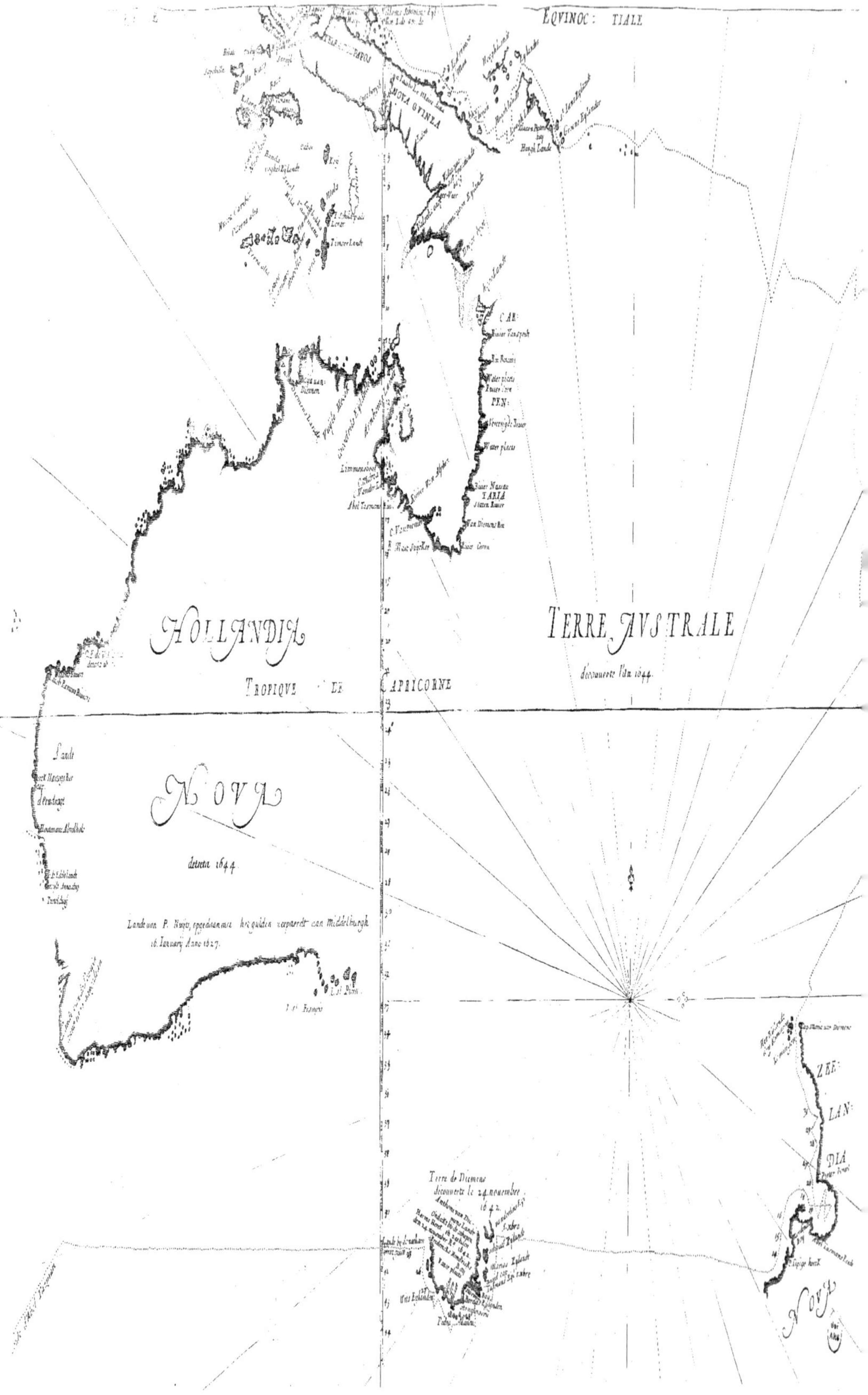

EQVINOC: TIALE

NOVA GVINEA

CAR: PEN: TARIA

HOLLANDIA

NOVA

detecta 1644.

TERRE AVSTRALE

découverte l'An 1644.

TROPIQUE DE CAPRICORNE

Landt van P. Nuyts, opgedaen met het guilden zeepaert van Middelburgh 16. January Anno 1627.

Terre de Diemens découverte le 24. novembre 1642.

ZEE: LAN: DIA NOVA

ont écrit depuis Villalpandus ſur ce meſme ſujet des meſures, & de ce Villalpandus auſſi qui s'eſtoit plaint le premier du peu d'exactitude des autres.

Il faut que j'ajoûte icy à la deſcription du Niveau, qu'il eſt auſſi bon de quatre pouces, que s'il eſtoit beaucoup plus long, comme le font preſque tous nos ouvriers.

Qu'il n'eſt point neceſſaire, comme la pluſpart ont crû, que la Bulle d'Air ſoit au milieu, & que dans toutes ces pratiques de la conduite des eaux & d'Architecture; toutes les fois que la Bulle d'Air eſt en repos, ſans toucher aux extremitez, l'inſtrument eſt de niveau, lors meſme qu'elle n'eſt pas au milieu. Que le ſoin d'enfermer le Niveau dans une boëtte pour le mettre à couvert du vent, eſt inutile; car le mouvement que le vent donne à la boëtte paſſe auſſi au Niveau, qu'il faut toûjours mettre par cette meſme raiſon ſur un lieu ſtable, & que la lunette avec des filets à ſon foyer, eſt pour pointer plus juſte.

5°. Une obſervation de la déclinaiſon de l'Ayman faite l'année 1269.

6°. Une ligne meridiene tracée à Iſſy, & ſur une roche qui eſt au haut de la bruiere de Bure où l'on devoit creuſer un Obſervatoire pour noſtre Aſſemblée; cette bruiere eſt preſque dans une meſme ligne entre les tours de Noſtre-Dame de Paris, & de l'Egliſe de la ville de Mante.

Relations de ce Recüeil, imprimées jusques à cette heure.

PARTIE PREMIERE.

Relations.

traduit du Recüeil de Purchas.

Description des Plantes & des Animaux des Indes Orientales, par Cosmas, Monachos, autrement Indopleustes.

Les Climats Alhend & Alsend de la Geographie d'Abulfeda.

Relation des Antiquitez de Persepolis, traduite d'Herbert.

Commencement d'un Livre des Chaldéens de Bassora, autrement appellez les Chrétiens de S. Jean, écrit en caracteres tres-anciens non encore vûs en Europe, avec l'alphabet de ces mesmes caracteres, & une Carte Arabe du païs.

Relation des Royaumes de Golconda, Tannassari, Arecan, par Wilhem Methold President de la Compagnie Angloise.

Relation de Floris Villiamson du Golfe de Bengale.

Relation du Royaume de Siam par Schouten, traduit de l'Hollandois.

Voyages aux Indes Orientales de Bontekoüe, traduit de l'Hollandois.

Découverte de la Terre Australe, traduite aussi de l'Hollandois, avec une Carte de cette cinquiéme partie du Monde.

Routier des Indes Orientales par Aleixo da Motta, traduit d'un manuscrit Portugais.

Description des Pyramides d'Egypte, par Jean Greaves, traduite de l'Anglois.

PARTIE II.

PARTIE III.

PARTIE IV.

L'Indien, ou Portrait au naturel des Indiens, par Dom Joan de Palafos Evêque de la Puebla de los Angles.

Relation des voyages du ſieur Acarete ſur la Riviere de la Platte, & delà par terre juſques au Perou & au Potoſi.

Voyage à la Chine des Peres Grueber & d'Orville.

— le meſme en Italien.

La Science morale des Chinois, ou le ſecond livre de Confuſſius, traduit de la langue Chinoiſe par le Pere Introcetta.

Hiſtoire de la Haute Ethiopie écrite ſur les lieux par le Pere Manüel d'Almeïda Ieſuite, extraite & traduite de la copie Portugaiſe du Pere Balthazar Tellez.

Remarques ſur les Relations d'Ethiopie des Peres Jeronimo Lobo & de Balthazar Tellez, Ieſuites.

Relation du Pere Jeronimo Lobo de l'Empire des Abyſſins, des ſources du Nil, de Licorne, &c.

Découverte de quelques païs qui ſont entre l'Empire des Abyſſins & la coſte de Melinde.

Relation du Voyage du Zaïd ou de la Thebaïde fait en 1668 par les Capucins Miſſionnaires en Egypte.

Hiſtoire de l'Empire Mexicain repreſentée pa figures.

Relation du Mexique, avec l'Hiſtoire de l Nouvelle Eſpagne, par Thomas Gages.

VOyage & découverte du P. Marquette & Sr Jolliet dans l'Amerique Septentrionale

Ambaſſade des Moſcovites à la Chine, ou voya ge de Moſkou à Pequin par terre, traduit d Moſcovite.

Diſcours ſur l'Art de la Navigation, avec quelques Problémes pour y ſervir de ſup plément.

Supplément de l'Hiſtoire naturelle de l'Ephe mere.

Extrait du Privilege du Roy.

PAR grace & Privilege du Roy, donné à Paris l huitiéme Juin 1662. Il eſt permis à GIRAR GARNIER de faire imprimer un *Recueil de di er ſes Relations & Voyages curieux, contenant, &c.* en un ou pluſieurs volumes, conjointement ou ſeparé ment, pendant le temps de vingt années : Avec deffen ſes à tous autres d'en rien imprimer, vendre ni diſtri buer; ni aucune Carte ni Figure, ſous quelque pretext que ce ſoit, ſans ſon conſentement, ſous les peines po tées dans ledit Privilege.

Achevé d'imprimer pour la premiere fois le 8 Septembre 1681.

Les Exemplaires ont eſté fournis.

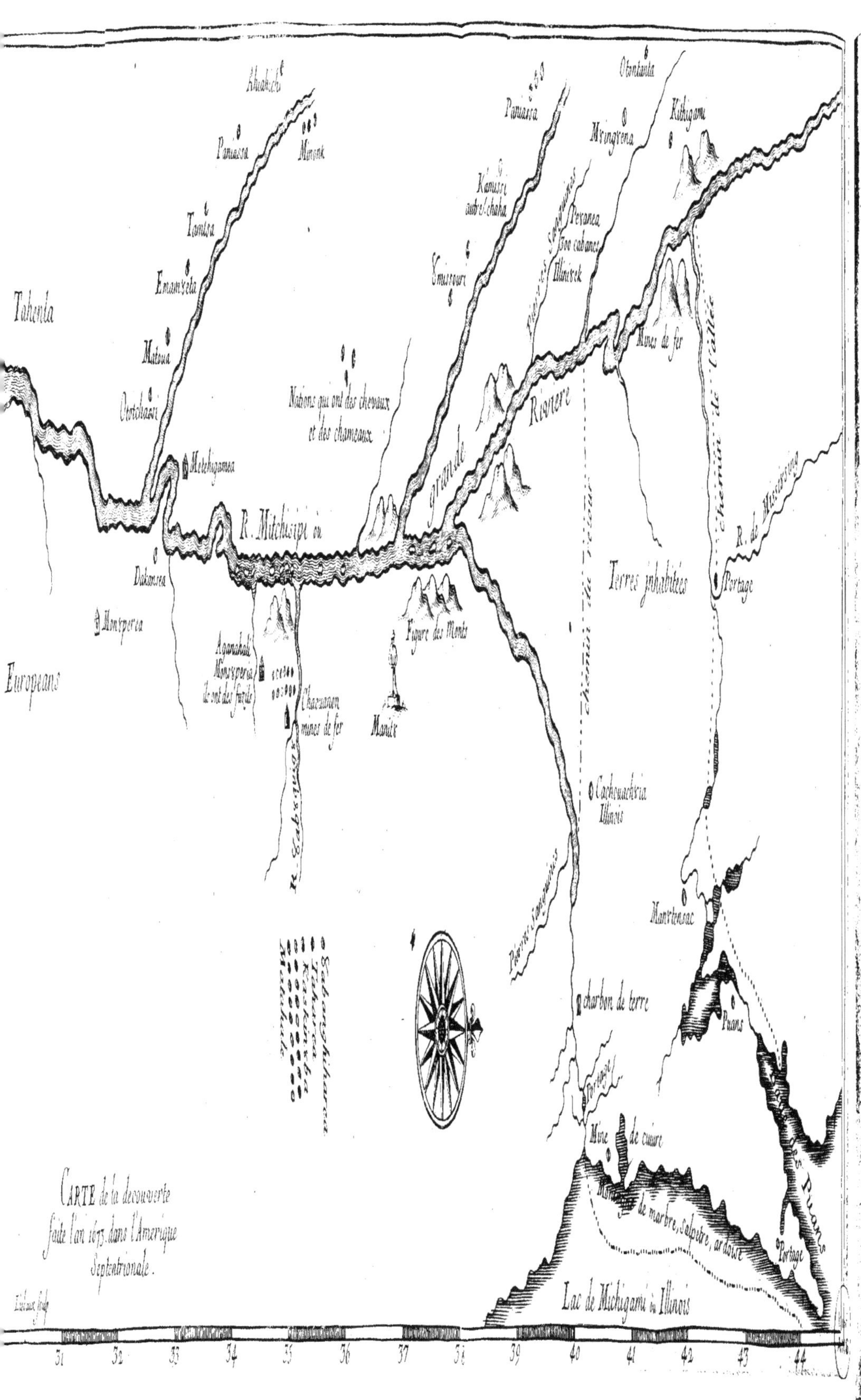

Tahenta
Paniassa
Minonk
Emamȣeta
Matoua
Ototchaȣi
Metchigamea
R. Mitchisipi ou grande Riviere
Dakansea
Monsȣperea
Europeans
Aganahali Monsȣperea ils ont des fusils
Chaȣanon mines de fer
Nations qui ont des chevaux et des chameaux
Ȣmissouri
Paniassa
Otontanta
Mȣingȣena
Kithigami
Pesanea 300 cabanes Illinois
Pierres Sanguinaires
Mines de fer
Figure des Monts
Terres inhabitées
Portage
R. de Miskousing
Chemin du retour
Cachouachkia Illinois
Pierres Sanguinaires
Puans
charbon de terre
Portage
Mine de cuivre
de marbre, salpetre, ardoise
Portage
Lac de Michigami ou Illinois
CARTE de la decouverte faite l'an 1673 dans l'Amerique Septentrionale
31 32 33 34 35 36 37 38 39 40 41 42 43 44

DECOUVERTE DE QUELQUES PAYS ET NATIONS DE L'AMERIQUE SEPTENTRIONALE.

JE m'embarquay avec le Sieur Joliet, qui avoit esté choisi pour conduire cette entreprise, le treize May 1673. avec cinq autres François sur deux Canots d'écorce, avec un peu de bled d'Inde & quelques chairs boucannées pour toute provision. L'on avoit eu le soin de tirer des Sauvages tout ce qui s'estoit pû tirer de lumieres de ces pays ; l'on en avoit mesmes tracé une Carte sur leur recit, les rivieres y estoient marquées, le nom des Nations que nous devions traverser, & les rums de vent que nous devions suivre dans ce Voyage.

La premiere Nation que nous rencontrasmes fut celle de la Folle Avoine. J'entray dans leur riviere pour aller visiter ces Peuples, ausquels nous avons presché l'Evangile depuis plusieurs années ; aussi s'y trouvent-ils plusieurs bons Chrétiens. La Folle Avoine dont ils portent le nom, parce qu'elle se trouve sur leur terre, est une sorte d'herbe qui croît naturellement dans les petites rivieres dont le fond est de vase, & dans des lieux marescageux : Elle est bien semblable à celle qui croît parmy nos bleds, les épics sont sur des tuyaux noüez d'espace en espace ; ils sortent de l'eau vers le mois de Juin, & vont toûjours montant jusqu'à ce qu'ils surnagent de deux pieds environ, le grain n'est pas plus gros que celuy de nos avoines, mais une fois plus long, aussi la farine en est-elle plus abondante. Voicy comme les Sauvages la cueillent & la preparent pour la manger. Dans le mois de Septembre, qui est le mois de cette recolte, ils vont en Canot au travers de ces champs de la Folle Avoine, ils en secoüent les épics dans le Canot à mesure qu'ils avancent, le grain tombe aisément s'il est meur, & en font leur provision : Mais pour le nettoyer de la paille, & d'une pellicule dans laquelle il est enfermé, ils le mettent secher à la fumée sur un gril de bois sous lequel ils font un petit feu pendant quelques jours, & lorsque l'avoine est bien seiche, ils la mettent dans une peau en forme de poche, laquelle ils enfoncent en terre dans un trou fait à ce dessein, puis ils la pillent avec les pieds tant que le grain s'étant separé de la paille ils le vannent aisément, apres quoy ils le pillent pour le reduire en farine, ou mesme sans estre pilé ils le font cuire dans l'eau, qu'ils assaisonnent avec de la graisse, & de cette façon on trouve la folle avoine presque aussi bonne que le ris, quand on n'y met point de meilleur assaisonnement.

Je racontay à ces Peuples de la Folle Avoine le dessein que j'avois d'aller découvrir ces Nations éloignées pour les pouvoir instruire des mysteres de nostre sainte Religion. Ils en furent extrémement surpris, & firent tout leur possible pour m'en dissuader: Ils me representerent que je rencontrerois des Narions qui ne pardonnent jamais aux Etrangers, ausquels ils cassent la teste sans aucun sujet; que la guerre qui estoit allumée entre divers Peuples qui estoient sur nostre route nous exposoit à un danger manifeste d'estre enlevez par des bandes de guerriers qui sont toûjours en campagne; que la grande riviere est tres-dangereuse quand on n'en sçait pas les endroits; qu'elle estoit pleine de monstres effroyables qui devoroient les hommes & les Canots tout ensemble ; qu'il y a mesme un Demon qu'on entend de loin qui en ferme le passage & qui abysme ceux qui osent s'en approcher : enfin que les chaleurs sont si excessives qu'elles nous causeroient la mort infailliblement.

Je les remerciay de ces bons avis, mais je leur dis que je ne les pouvois pas suivre, puisqu'il s'agissoit du salut des ames, pour lesquelles je serois ravi de donner ma vie ; que je me moquois de ce Demon pretendu ; que nous nous deffendrions bien de ces monstres marins, & qu'au reste nous nous tiendrions sur nos gardes pour éviter les autres dangers dont ils nous menaçoient. Apres les avoir fait prier Dieu & leur avoir donné quelques instructions, je me separay d'eux, & nous estant embarquez sur nos Canots, nous arrivâmes où nos Peres travaillent utilement à la conversion de ces peuples.

Cette Baye porte un nom qui n'a pas une si mauvaise explication en la langue des Sauvages : car ils l'appellent plûtost la Baye Salée, que des Puans, quoy que parmi eux ce soit presque la mesme chose. C'est aussi le nom qu'ils donnent à la mer ; ce qui nous a obligé à faire de tres-exactes recherches pour découvrir s'il n'y avoit pas en ces quartiers quelque fontaine d'eau salée, comme il y en a au païs des Iroquois, mais nous n'en avons point trouvé. Nous jugeons donc qu'on luy a donné ce nom à cause de quantité de vase & de bouë qui s'y rencontre, d'où s'élevent continuellement de méchantes vapeurs qui y causent les plus grands & les plus continuels tonnerres que j'aye jamais entendu.

La Baye a environ trente lieuës de profondeur, & huit de large en son commencement: cette largeur va toûjours se retrécissant jusques dans le fond, où il est aisé de remarquer la marée, qui a son flux & reflux reglé presque comme celuy de la mer. Ce n'est pas icy le lieu d'examiner si ce sont des vrayes marées, si elles sont causées par des vents; s'il y a des vents qui sont les avant-coureurs de la Lune ou à sa suite, lesquels par consequent agitent le Lac & luy donnent comme son flux & reflux toutes les fois que la Lune monte sur l'Orison; Ce que je puis dire de certain est que quand l'eau est bien calme, on la voit aisément monter & descendre suivant le cours de la Lune, quoy que je ne nie pas que ce mouvement ne puisse estre causé par des vens qui passant sur le milieu du Lac font que les bords croissent & décroissent de la façon qu'il paroît à nos yeux.

Nous quittâmes cette Baye pour entrer dans la Riviere qui s'y décharge: Elle est tres-belle en son embouchûre, & coule doucement; elle est pleine d'Outardes, de Canards, de

Cercelles, & d'autres oyseaux qui y sont attirez par la folle avoine, dont ils sont fort frians. Quand on a un peu avancé dans cette riviere, on la trouve tres-difficile, tant à cause des courans que des rochers qui coupent les Canots & les pieds de ceux qui les traînent, surtout lorsque les eauës sont basses. Nous franchismes par tout heureusement ces rapides; & en approchant des Maskoutens, ou de la Nation du Feu, j'eus la curiosité de boire des Eauës minerales de la riviere qui n'est pas loin de cette Bourgade. Je pris aussi le tems de reconnoître un Simple, qu'un Sauvage qui en sçait le secret a enseigné au P. Alloües : Sa racine sert contre la morsure des Serpens, Dieu ayant voulu donner ce remede contre un venin qui est tres frequent en ce pays. Cette racine est fort chaude, & a un goût de poudre quand on l'écrase sous la dent. Il faut la mâcher & la mettre sur la piqueure du Serpent, qui en a une si grande horreur qu'il s'enfuit mesme de celuy qui en a esté frotté : Elle produit plusieurs tiges hautes d'un pied, dont la feüille est un peu longue & la fleur blanche, & ressemble à la giroflée. J'en mis dans mon Canot pour l'examiner.

C'est icy le terme des découvertes qu'ont faits les François, & ils n'ont pas encore passé plus avant. Ce Bourg est composé de trois sortes de Nations qui s'y sont ramassées ; des

Miamis, des Maſkoutens, & des Kikabeux: Les premiers ſont les plus civils, les plus liberaux & les mieux faits; ils portent deux longues mouſtaches ſur les oreilles qui leur donnent bonne grace; ils paſſent pour guerriers, & font rarement des partis ſans ſuccez; ils ſont fort dociles & écoutent tout ce qu'on veut leur dire, & ont parû ſi avides d'entendre le P. Alloües quand il les inſtruiſoit, qu'ils luy donnoient peu de repos meſme pendant la nuit. Les Maſcoutens & les Kikabeux ſont plus groſſiers, & ſemblent des payſans en comparaiſon des autres. Comme les écorces à faire des Cabanes ſont rares en ce pays, ils ſe ſervent de joncs, qui leur tiennent lieu de muraille & de couverture. La commodité de ces Cabanes de jonc eſt grande, ils les mettent en paquets & les portent où ils veulent pendant le temps de leurs chaſſes.

Lorſque je les viſitay je fus extrémement conſolé de voir une belle Croix plantée au milieu de ce Bourg, & ornée de pluſieurs peaux blanches, de ceintures rouges, d'arcs & de fléches que ces bonnes gens avoient offerts au grand Manitou; c'eſt le nom qu'ils donnent à Dieu, pour le remercier de ce qu'il avoit eu pitié d'eux pendant l'hyver, leur donnant une chaſſe abondante.

Je pris plaiſir de voir la ſituation de cette Bourgade. Elle eſt belle & divertiſſante; car d'une éminence ſur laquelle elle eſt placée on découvre de toutes parts des prairies à perte de veuë, partagées par des boccages & bois de haute fuſtaye ; la terre y eſt tres bonne & rend beaucoup de bled d'Inde, les Sauvages ramaſſent quantité de prunes & de raiſins.

Nous ne fuſmes pas plûtoſt arrivez que nous aſſemblâmes les anciens Monſieur Joliet & moy. Je leur dis, qu'il eſtoit envoyé de la part de Monſieur noſtre Gouverneur pour découvrir de nouveaux pays, & moy de la part de Dieu pour les éclairer des lumieres du ſaint Evangile ; qu'au reſte le Maiſtre ſouverain de nos vies vouloit eſtre connû de toutes les Nations, & que pour obeïr à ſes volontez je ne craignois pas la mort, à laquelle je m'expoſois dans des voyages ſi perilleux ; que nous avions beſoin de deux guides pour nous mettre dans noſtre route : nous leur fiſmes un preſent en les priant de nous les accorder, ce qu'ils firent tres civilement, & meſme voulurent auſſi nous parler par un preſent, qui fut une natte pour nous ſervir de lit durant noſtre voyage.

Le lendemain, qui fut le 10 Juin, deux Miamis qu'on nous donna pour guides s'embarquerent avec nous à la veuë d'un grand monde, qui ne pouvoit aſſez s'étonner de voir ſept François ſeuls en deux Canots oſer entreprendre une expedition ſi extraordinaire & ſi hazardeuſe.

Nous ſçavions qu'à trois lieuës de Maſkoutens eſtoit une Riviere qui ſe décharge dans celle de Miſſiſſipy. Nous ſçavions encore que le Rum de vent que nous devions tenir eſtoit l'Oüeſt-ſur l'Oüeſt ; mais le chemin eſt ſi partagé de Marais & de petits Lacs, qu'il eſt aiſé de s'y égarer, dautant plus que la riviere qui y mene eſt ſi chargée de folle avoine qu'on a peine à en réconnoiſtre le Canal ; c'eſt en quoy nous avions beſoin de nos deux Guides : auſſi nous conduiſirent-ils heureuſement juſqu'à un portage de deux mil ſept cens pas, & nous aiderent à tranſporter nos Canots pour entrer dans cette riviere, apres quoy ils s'en retournerent, nous laiſſans ſeuls en ce pays inconnû entre les mains de la Providence.

Nous quittons donc les Eauës qui vont juſqu'à Quebec, à cinq ou ſix cens lieuës d'icy, pour prendre celles qui nous conduiront deſormais dans des Terres étrangeres. Avant que de nous y embarquer nous commençâmes tous une nouvelle devotion à la Sainte Vierge immaculée que nous pratiquâmes tous les jours, luy adreſſans des prieres particulieres pour mettre ſous ſa protection & nos perſonnes & le ſuccez de noſtre voyage ; & apres nous eſtre encouragez les uns les autres nous montâmes en Canot.

La Riviere ſur laquelle nous nous embarquâmes s'appelle Meſcouſin ; elle eſt fort large, ſon fond eſt du ſable qui fait diverſes battures, leſquelles rendent cette navigation tres-difficile ; elle eſt pleine d'Iſles couvertes de vignes. Sur le fond paroiſſent de bonnes terres, entremeſlées de bois, de prairies, de côteaux. On y voit des noyers, des cheſnes, des bois blancs, & une autre eſpece d'arbres dont les branches ſont armées de longues épines. Nous n'avons veu ny gibier ny poiſſons, mais des Chevreüils & des Vaches en grande quantité. Apres avoir navigé trente lieuës, nous apperçûmes un endroit qui avoit toutes les apparences de Mines de fer : De fait, un de nous qui en a veu autrefois aſſeure que celles que nous avons trouvées ſont fort bonnes & tres-abondantes ; Elles ſont couvertes de trois pieds de bonne terre, aſſez proche d'une chaiſne de rochers, dont le bas eſt couvert de fort beaux bois. Apres une navigation de quarante lieuës ſur cette meſme route, nous arrivâmes à l'embouchûre de noſtre Riviere, & nous nous trouvâmes à 42 degrez & demy d'élevation ; Nous entrons heureuſement dans Miſſiſſipy le 17 Juin, avec une joye que je ne puis exprimer.

Nous voila donc ſur cette Riviere ſi renommée dont j'ay taſché de remarquer attentivement toutes les ſingularitez. La Riviere de Miſſiſſipy tire ſon origine de divers Lacs qui ſont dans les pays des Peuples du Nord ; elle eſt étroite à ſa décharge de Miſkous, ſon courant qui porte du coſté du Sud eſtant paiſible ; à la droite on void une grande chaiſne de montagnes fort hautes, & à la gauche de belles terres entrecoupées d'Iſles en divers endroits. En ſondant nous avons trouvé dix-neuf braſſes d'eau, ſa largeur eſt fort égale, elle a quelquefois trois quarts de lieuës. Nous ſuivions doucement ſon cours qui va au Sud & au Sudeſt juſqu'au 42 degré d'élevation. C'eſt icy que nous nous appercevons bien qu'elle a tout changé de face ; il n'y a preſque plus de bois ny de montagnes, les Iſles ſont couvertes de plus beaux arbres, nous ne voyons que des Chevreüils & des Vaches, des Outardes & Cygnes ſans aiſles, parce qu'ils quittent leurs plumes en ce pays. Nous rencontrons de temps en temps des poiſſons monſtrueux, un deſquels donna ſi rudement contre noſtre Canot, que je crûs que c'eſtoit un gros arbre qui l'alloit mettre en pieces : Un monſtre qui avoit une teſte de Tygre, le nez pointu comme celuy d'un Chat ſauvage, avec de la barbe, des oreilles droites élevées en haut ; la teſte étoit griſe, le col noir. Nous n'en viſmes pas davantage. Quand nous avons jetté nos rets à l'eau, nous avons pris des Eſturgeons, & une eſpece de poiſſon extraordinaire : il reſſemble à la Truïte, avec cette difference qu'il a la gueule, les yeux & le nez plus petits, & qu'il a proche du nez une arrête faite comme une busque de femme large de trois doigts, longue d'une coudée, au bout de laquelle est un rond large comme la main; cela l'oblige souvent en sautant hors l'eau de tomber en arriere. Estant descendus jusqu'au 41 degré 28 minutes, suivant le mesme rum, nous trouvons que les Cocqs d'Inde ont pris la place du gibier, & les Pisikious, ou Bœufs sauvages, celles des autres bestes.

Nous appellons les Pisikious Bœufs sauvages, parce qu'ils sont fort semblables à nos Bœufs domestiques; ils ne sont pas plus longs, mais ils sont plus d'une fois plus gros & plus corpulens: nos gens en ayant tué un, treize personnes avoient bien de la peine à le remuër: ils ont la teste fort grosse, le front large & plat, d'un pied & demy entre les cornes, qui sont toutes semblables à celles de nos Bœufs, mais elles sont noires & plus grandes; ils ont sous le col comme une grande fale qui pend au bas, & sur le dos une bosse assez élevée; toute la teste, le col & une partie des épaules sont couvertes d'un grand crin comme celuy des Chevaux, c'est une hure longue d'un pied, qui les rend hideux, & leur tombant sur les yeux les empeschent de voir devant eux: le reste du corps est revestu d'un gros poil frisé, à peu prés comme celuy de nos Moutons, mais bien plus fort & plus épais, il tombe en Esté, & la peau devient douce comme velours : c'est pour lors que les Sauvages employent leurs peaux pour leur faire des robbes qu'ils peignent de diverses couleurs. La chair & la graisse des Pisikious est excellente, & fait le meilleur mets de leurs festins : au reste ils sont tres-dangereux, il ne se passe point d'année qu'ils ne tuënt quelques Sauvages, quand on vient les attaquer, ils prennent s'ils peuvent un homme avec les cornes, l'enlevent en l'air, puis ils le jettent contre terre, le foulent des pieds & le tuënt. Si l'on tire de loin sur eux de l'arc ou du fuzil, il faut si-tost apres le coup se jetter à terre & se cacher dans l'herbe : car s'ils apperçoivent celuy qui a tiré, ils courent apres & le vont attaquer : comme ils ont les pieds gros & assez courts ils ne vont pas bien viste, si ce n'est lorsqu'ils sont irritez ; ils sont éparts dans des prairies comme des troupeaux, j'en ay veu une bande de quatre cens.

Nous avançons toûjours, mais comme nous ne sçavons où nous allons, ayant fait déja plus de cent lieuës sans avoir rien découvert que des bestes & des oyseaux, nous nous tenons bien sur nos gardes ; c'est pourquoy nous ne faisons qu'un petit feu à terre sur le soir pour préparer nostre repas, & apres souper nous nous éloignons de terre le plus que nous pouvons & nous allons passer la nuit dans nos Canots, que nous tenons à l'ancre sur la riviere assez loin des bords, ce qui n'empesche point que quelqu'un de nous ne soit toûjours en sentinelle de peur de surprise. Allant par le Sud & Sud-sur-l'Oüest, nous nous trouvons à la hauteur de 41 degré & jusqu'à 40 degrez quelques minutes en partie par le Sud-Oüest, apres avoir avancé plus de soixante lieuës depuis nostre entrée dans la riviere, sans rien découvrir.

Enfin le vingt-cinq Juin nous apperçûmes sur le bord de l'eau des pistes d'hommes, & un petit sentier assez battu qui entroit dans une belle prairie, nous nous arrestâmes; & jugeant que c'estoit quelque chemin qui conduisoit à quelque Village de Sauvages, nous prismes resolution de l'aller reconnoistre. Nous laissons donc nos deux Canots sous la garde de nos gens, leur recommandant bien de ne se pas laisser surprendre; apres quoy Monsieur Joliet & moy entreprismes cette découverte, assez hazardeuse pour deux hommes seuls, qui s'exposent à la discretion d'un peuple barbare & inconnu. Nous suivons en silence ce petit sentier, & apres avoir fait environ deux lieuës, nous descouvrismes un Village sur le bord d'une riviere, & deux autres sur un costeau, écartez du premier d'une demie lieüe: Ce fut pour lors que nous nous recommandasmes à Dieu de bon cœur, & ayant imploré son secours, nous passames outre sans estre découverts, & nous vinsmes si prés que nous entendions mesme parler les Sauvages. Nous crûmes donc qu'il estoit tems de nous découvrir par un cry que nous poussâmes de toutes nos forces, en nous arrestant sans plus avancer. A ce cry les Sauvages sortent promptement de leurs Cabanes, & nous ayant probablement reconnu pour François, sur tout voyant une robbe noire, ou du moins n'ayant aucun sujet d'apprehender, puisque nous n'étions que deux hommes & que nous les avions avertis de nostre arrivée ; ils députent quatre Vieillards pour nous venir parler, dont deux portoient des pipes à prendre du tabac, bien ornées & bien empanachées de divers plumages ; ils marchoient à petit pas, & élevans leurs pipes vers le Soleil, ils sembloient luy presenter à fumer, sans neanmoins dire aucun mot. Ils furent assez long-tems à faire le peu de chemin depuis leur Village jusqu'à nous : Enfin nous ayant abordé, ils s'arresterent pour nous considerer avec attention : je me rasseuray voyant ces ceremonies, qui ne se font parmy eux que pour les amis, & bien plus quand je les vis couverts d'étoffe, jugeant par là qu'ils estoient de nos Alliez. Je leur parlay donc le premier. Je leur demanday qui ils étoient : Ils me répondirent qu'ils estoient Ilinois, & pour marque de paix ils nous presentoient leurs pipes pour petuner. Ensuite ils nous inviterent d'entrer dans leur Village, où tout le peuple nous attendoit avec impatience. Ces pipes à prendre du tabac s'appellent en ce pays des Calumets. Ce mot-cy est mis tellement en usage, que pour estre entendu je seray obligé de m'en servir, ayant à en parler plusieurs fois.

A la porte de la Cabanne où nous devions estre receu estoit un Vieillard, qui nous attendoit dans une posture assez surprenante, qui est la ceremonie qu'ils gardent lorsqu'ils reçoivent des Etrangers. Cet homme estoit debout & tout nud, tenant ses mains étenduës & élevées vers le Soleil, comme s'il eût voulu se défendre contre ses rayons, lesquels neanmoins passoient sur son visage entre ses doigts: Quand nous fûmes proche de luy, il nous fit ce compliment; Que le Soleil est beau, François, quand tu nous viens visiter: tout nostre Bourg t'attend, tu entreras en paix dans toutes nos Cabanes. Il nous introduisit dans la sienne, où il y avoit une foule de monde qui nous devoroit des yeux, & qui cependant gardoit un profond silence. On entendoit seulement ces paroles, qu'on nous adressoit de tems en tems & d'une voix basse, Que voila qui est bien, mes Freres, que vous nous visitez.

Apres que nous eusmes pris places, on nous fit la civilité ordinaire, qui est de nous presenter

senter des Calumets. Il ne faut pas les refuser, si on ne veut passer pour ennemy, ou du moins pour incivil ; pourveu qu'on fasse semblant de fumer c'est assez. Pendant que tous les Anciens petunoient apres nous pour nous honorer, on vint nous inviter de la part du grand Capitaine de tous les Ilinois, de nous transporter en sa Bourgade, où il vouloit tenir Conseil avec nous. Nous y allasmes en bonne compagnie : car tous ces peuples qui n'avoient jamais veu de François chez eux ne se lassoient point de nous regarder, ils se couchoient sur l'herbe le long des chemins, ils nous devançoient, puis ils retournoient sur leurs pas pour nous revoir : tout cela se faisoit sans bruit & avec les marques d'un grand respect qu'ils avoient pour nous.

Estant arrivez au Bourg du grand Capitaine, nous le vismes à l'entrée de sa Cabane au milieu de deux Vieillards, tous trois debout & nuds, tenans le Calumet tourné vers le Soleil. Il nous harangua en peu de mots, nous felicitant de nostre arrivée ; il nous presenta ensuite son Calumet, & nous fist fumer en mesme tems que nous entrions dans sa Cabane, où nous receusmes toutes les caresses ordinaires.

Voyant tout le monde assemblé & dans le silence, je leur parlay par quatre presens que je leur fis : Par le premier je leur disois, Que nous marchions en paix pour visiter les Nations qui estoient sur la riviere jusqu'à la mer : Par le second, je leur declaray que Dieu qui les a créez avoit pitié d'eux, puis qu'apres tant de tems qu'ils l'ont ignoré il vouloit se faire connoistre à eux ; que j'estois envoyé de sa part à ce dessein, que c'estoit à eux de le reconnoistre & de luy obeïr : Par le troisiéme, Que le grand Capitaine des François leur faisoit sçavoir, que c'estoit luy qui mettoit la paix par tout, & qui avoit dompté les Iroquois ; Enfin, par la quatriéme nous les prions de nous donner toutes les connoissances qu'ils auroient de la mer, & des Nations par lesquelles nous devions passer pour y arriver : Ensuite dequoy le Capitaine mit le petit Esclave prés de nous & nous fit un present, qui estoit un Calumet tout mysterieux, dont ils font plus d'estat que d'un Esclave. Il nous témoignoit par ce present l'estime qu'il faisoit de Monsieur nostre Gouverneur sur le recit que nous luy en avions fait ; Et par le troisiéme, il nous pria de la part de toute sa Nation de ne pas passer outre, à cause des grands dangers où nous nous exposions. Je répons, que je ne craignois pas la mort, & que je n'estimois point de plus grand bonheur que de perdre la vie pour la gloire de Dieu. C'est ce que ces pauvres peuples ne peuvent comprendre.

Le Conseil fut suivi d'un grand festin, qui consistoit en quatre mets, qu'il faloit prendre avec toutes leurs façons. Le premier fût un grand plat de bois plein de Sagamité, c'est à dire de cette farine de bled d'Inde, qu'on fait bouillir avec de l'eau qu'on assaisonne de graisse : Le Maistre des Ceremonies tenant une cuilliere pleine de Sagamité me la presenta à la bouche par trois ou quatre fois, il fit le mesme à Monsieur Joliet. Ensuite il fit paroitre un second plat où il y avoit trois poissons, il en prit quelques morceaux pour en oster les arrestes, & ayant soufflé dessus pour les rafraichir, il nous les mit à la bouche comme l'on donne la bequée à un oisean. On apporte pour troisiéme service un grand Chien qu'on venoit de tuër, mais ayant appris que nous n'en mangions point, on le retira de devant nous ; Et le quatriéme fut une piece de bœuf sauvage dont on nous mit à la bouche les morceaux les plus gras.

Apres ce festin, il fallut aller visiter tout le Village, qui est bien de trois cens Cabanes. Pendant que nous marchions par les ruës, un Orateur haranguoit continuellement, pour obliger tout le monde à nous voir sans nous estre importuns : on nous presentoit par tout des ceintures, des jarretieres & autres ouvrages faits de poil d'Ours, ou de Bœufs sauvages : Ce sont là toutes les raretez qu'ils ont. Nous couchasmes dans la Cabane du Capitaine, & le lendemain nous prismes congé de luy, promettant de repaſſer par ſon Bourg dans quatre Lunes : Il nous conduiſit juſques dans nos Canots, avec prés de ſix cens perſonnes qui nous virent embarquer, nous donnant toutes les marques qu'ils pouvoient de la joye que nôtre viſite leur avoit cauſée.

Avant de quitter le pays des Ilinois, il eſt bon que je rapporte icy ce que j'ay reconnu de leurs coûtumes & de leurs façons de faire.

Qui dit Ilinois, c'eſt comme qui diroit en leur langage, les hommes; comme ſi les autres Sauvages auprés d'eux ne paſſoient que pour des beſtes : auſſi faut-il avoüer qu'ils ont un air d humanité que nous n'avons pas remarqué dans les autres Nations que nous avons veuës ſur noſtre route; le peu de ſejour que j'ay fait parmy eux ne m'a pas permis de prendre toutes les connoiſſances que j'aurois ſouhaitté de toutes leurs façons de faire. Voicy ce que j'en ay remarqué. Ils ſont diviſez en pluſieurs Bourgades, & quelques-unes aſſez éloignées de celles dont nous parlons, qui s'appellent Peroüarca; c'eſt ce qui met de la difference dans leur langue, laquelle tient de l'Algonquin, de ſorte que nous nous entendions bien les uns les autres : Leur naturel eſt doux & traitable, ils ont pluſieurs femmes dont ils ſont tres jaloux, ils les veillent avec un grand ſoin, ils leurs coupent meſmes le nez ou les oreilles quand elles ne ſont pas ſages; j'en ay veu plusieurs qui portoient les marques de leur infidelité. Ils ont le corps bien fait, ils sont lestes & adroits à tirer de l'arc; ils se servent aussi de fuzils, qu'ils achetent des Sauvages nos alliez qui ont commerce avec nos François; ils en usent premierement pour donner de l'épouvante par le bruir & la fumée à leurs ennemis qui n'en ont point l'usage & n'en ont jamais veu, pour estre trop éloignez vers le Couchant. Ils sont belliqueux & se rendent redoutables aux peuples éloignez du Sud & de l'Oüest, où ils vont faire des Esclaves, desquels ils se servent pour trafiquer, les vendant cherement à d'autres Nations pour d'autres marchandises Ces Sauvages si éloignez chez qui ils vont en guerre n'ont aucune connoissance des Europeans; ils ne sçavent ce que c'est ny de fer, ny de cuivre, & n'ont que des coûteaux de pierre.

Quand les Ilinois partent pour aller en guerre, il faut que tout le Bourg en soit averti par un grand cry qu'ils font à la porte de leurs Cabanes le soir & le matin avant que de partir; les Capitaines se distinguent des Soldats par des écharpes rouges qu'ils portent, elles sont faites de crin d'Ours, ou de poil de Bœufs sauvages, avec assez d'industrie, dont il y a grande quantité à quelques journées du Bourg. Ils vivent de chasse, qui est abondante en ce pays, & de bled d'Inde, dont ils font toujours une bonne recolte ; aussi n'ont-ils jamais souffert de famine : ils sement aussi des féves & des melons qui sont excellens , sur tout ceux qui ont la graine rouge ; leurs citroüilles ne sont pas des meilleures , ils les font secher au Soleil pour les manger pendant l'Hyver & le Printemps ; les Cabanes sont fort grandes, elles sont couvertes & pavées de nattes faites de Joncs ; ils trouvent toute leurs vaisselles dans le bois , & leurs cuillieres dans le test des Bœufs , dont ils sçavent si bien accommoder le crane , qu'ils s'en servent aisément pour manger leur sagamité. Ils sont liberaux dans leurs maladies , & croyent que les medicamens qu'on leur donne operent à proportion des presens qu'ils font à leurs Medecins. Ils n'ont que des peaux pour habits : les femmes sont vestuës fort modestement & dans une grande bien-séance, au lieu que les hommes ne se mettent pas en peine de se rien couvrir. Je ne sçay par quelle superstition quelques Ilinois , aussi bien que quelques Nadoüessis, estant encore jeunes prennent l'habit de femme qu'ils gardent toute leur vie : il y a du mystere , car ils ne se marient jamais, & font gloire de s'abaisser à faire tout ce que font les femmes ; ils vont pourtant en guerre , mais ils ne peuvent se servir que de la massuë & non pas de l'arc & de la fléche, qui sont les armes propres pour les hommes ; ils assistent à toutes les

Jongleries & à toutes les Dances solennelles qui se font en l'honneur du Calumet, ils y chantent, mais ils n'y peuvent pas dancer ; ils sont appellez au Conseil, où l'on ne peut rien décider sans leurs avis : enfin la profession qu'ils font d'une vie extraordinaire les fait passer pour des Manitous, c'est à dire de grands genies, ou personnes de consequence.

Il ne reste plus qu'à parler du Calumet. Il n'est rien parmy eux ni de plus mysterieux ni de plus recommandable, on ne rend pas tant d'honneur aux sceptres des Rois qu'ils luy en rendent, il semble estre le Dieu de la paix & de la guerre, l'arbitre de la vie & de la mort; c'est assez de le porter sur soy & de le faire voir pour marcher en asseurance au milieu des ennemis, qui dans le fort du combat mettent bas les armes quand ils les montrent : c'est pour cela que les Ilinois m'en donnerent un pour me servir de sauvegarde auprés des Nations par lesquelles je devois passer dans mon voyage. Il y a un Calumet pour la paix & un pour la guerre ; ils s'en servent encore pour terminer leurs differens & pour affermir leurs alliances, ou pour parler aux Etrangers.

Il est composé d'une pierre rouge polie comme du marbre, & percée d'une telle façon qu'un bout sert à recevoir le tabac, & l'autre s'enclave dans le manche, qui est un baston de deux pieds de long, gros comme une canne ordinaire & percé par le milieu ; il eſt embelly de la teſte & du col de divers oiſeaux, dont le plumage eſt tres-beau ; ils y ajoûtent auſſi de grandes plumes rouges, vertes, & d'autres couleurs, dont il eſt tout empanaché ; ils en font eſtat particulierement, parce qu'ils le regardent comme le Calumet du Soleil ; & de fait, ils le luy preſentent pour fumer quand ils veulent obtenir du calme, ou de la pluye, ou du beau temps. Ils font ſcrupule de ſe baigner au commencement de l'Eſté, ou de manger des fruits nouveaux qu'apres l'avoir danſé. En voicy la façon.

La dance du Calumet, qui eſt fort celebre parmy ces peuples, ne ſe fait que pour des ſujets conſiderables ; quelquefois c'eſt pour affermir la paix, ou ſe réünir pour quelque grande guerre ; c'eſt d'autres fois pour une réjouiſſance publique, tantoſt on en fait honneur à une Nation qu'on invite d'y aſſiſter, tantoſt ils s'en ſervent à la reception de quelque perſonne conſiderable, comme s'ils vouloient luy donner le divertiſſement du Bal ou de la Comedie ; l'Hyver la ceremonie ſe fait dans une Cabane, l'Eſté c'eſt en raze campagne. La place étant choiſie, on l'environne tout à l'entour d'arbres pour metre tout le monde à l'ombre de leurs feüillages, pour ſe défendre des chaleurs du Soleil ; on étend une grande natte de joncs peinte de diverſes couleurs au milieu de la place ; elle ſert comme de tapis pour mettre deſſus avec honneur le Dieu de celuy qui fait la Danſe ; car chacun a le ſien , qu'ils appellent leur Manitou , c'eſt un ſerpent , ou un oyſeau , ou une pierre , ou choſe ſemblable , qu'ils ont reſvé en dormant , & en qui ils mettent toute leur confiance pour le ſuccez de leur guerre , de leur peſche & de leur chaſſe ; prés de ce Manitou , & à ſa droite , on met le Calumet en l'honneur de qui ſe fait la feſte , & tout à l'entour on fait comme un trophée , & on étend les armes dont ſe ſervent les guerriers de ces Nations , ſçavoir la maſſuë , la hache d'arme , l'arc , le carquois & les fléches.

Les choſes eſtant ainſi diſpoſées & l'heure de la Dance approchant , ceux qui ſont nommez pour chanter prennent la place la plus honorable ſous les feüillages ; ce ſont les hommes & les femmes qui ont les plus belles voix , & qui s'accordent parfaitement bien enſemble ; tout le monde vient enſuite ſe placer en rond ſous les branches , mais chacun en arrivant doit ſaluër le Manitou , ce qu'il fait en petunant & jettant de ſa bouche la fumée ſur luy, comme s'il luy preſentoit de l'encens ; chacun va d'abord avec reſpect prendre le Calumet , & le ſoûtenant des deux mains , il le fait dancer en cadence , s'accordant bien avec l'air des chanſons ; il luy fait faire des figures bien differentes , tantoſt il le fait voir à toute l'aſſemblée se tournant de costé & d'autre ; apres cela, celuy qui doit commencer la Dance paroist au milieu de l'assemblée, & va d'abord, & tantost il le presente au Soleil, comme s'il le vouloit faire fumer, tantost il l'incline vers la terre, d'autresfois il luy étend les aisles comme pour voler, d'autres fois il l'approche de la bouche des assistans, afin qu'ils fument, le tout en cadence ; & c'est comme la premiere Scene du Balet.

La seconde consiste en un Combat qui se fait au son d'une espece de tambour, qui succede aux chansons, ou mesme qui s'y joignant, s'accordent fort bien ensemble : le Danseur fait signe à quelque guerrier de venir prendre les armes qui sont sur la natte, & l'invite à se battre au son des tambours ; celuy-cy s'approche, prend l'arc & la fléche, avec la hache d'armes, & commence le duël contre l'autre, qui n'a point d'autre défense que le Calumet. Ce spectacle est fort agreable, sur tout le faisant toûjours en cadence ; car l'un attaque, l'autre se deffend ; l'un porte des coups, l'autre les pare ; l'un fuit, l'autre le poursuit, & puis celuy qui fuyoit tourne visage & fait fuïr son ennemy ; ce qui se passe si bien par mesure & à pas comptez & au son reglé des voix & des tambours, que cela pourroit passer pour une assez belle entrée de Ballet en France. La troisiéme Scene consiste en un grand Discours que fait celuy qui tient le Calumet, car le Combat estant fini sans sang répandu, il raconte les batailles où il s'est trouvé, les victoires qu'il a remportées; il nomme les Nations, les lieux & les Captifs qu'il a faits; & pour recompense celuy qui préside à la Dance luy fait present d'une belle robe de Castor, ou de quelqu'autre chose, & l'ayant receu il va presenter le Calumet à un autre, celui-ci à un troisiéme, & ainsi de tous les autres, jusques à ce que tous ayant fait leur devoir, le President fait present du Calumet mesme à la Nation qui a esté invitée à cette Ceremonie, pour marque de la paix eternelle qui sera entre les deux peuples.

Voicy quelqu'une des Chansons qu'ils ont coûtume de chanter, ils leur donnent un certain tour qu'on ne peut assez exprimer par la Notte, qui neanmoins en fait toute la grace.

Ninahani, ninahani, ninahani nani ongo.

Nous prenons congé de nos Ilinois sur la fin de Juin, vers les trois heures apres midy, nous nous embarquons à la veuë de tous ces peuples, qui admiroient nos petits Canots, n'en ayans jamais veu de ſemblables.

Nous deſcendons ſuivant le courant de la riviere appellée Pekitanoni, qui ſe décharge dans Miſſiſſipy venant du Nord-Oüeſt, de laquelle j'ay quelque choſe de conſiderable à dire, apres que j'auray raconté ce que j'ay remarqué ſur cette riviere.

Paſſant proche des rochers aſſez hauts, j'y apperceus un Simple qui m'a parû fort extraordinaire; ſa racine eſt ſemblable à de petits naveaux attachez les uns aux autres par de petits filets qui ont le goût de carottes, de cette racine ſort une feüille large comme la main, épaiſſe d'un doigt, avec des taches; au milieu de cette feüille naiſſent d'autres feüilles toutes ſemblables aux placques qui ſervent de flambeaux dans nos ſales, & chaque feüille porte cinq ou ſix fleurs jaunes en forme de clochettes.

Nous trouvâmes quantité de meures auſſi groſſes que celles de France, & un petit fruit que nous priſmes d'abord pour des olives, mais il avoit le goût d'orange; & un autre fruit gros comme un œuf de poule, nous le fendiſmes en deux, & il y parut deux ſeparations, dans chacune deſquelles il y a huit ou dix fruits enchaſſez, ils ont la figure d'amande & ſont fort bons quand ils ſont meurs, l'arbre neanmoins qui les porte a tres-mauvaiſe odeur, & ſa feüille reſſemble à celle du noyer. Il ſe trouve aussi dans les prairies un fruit sembla-ble à des noisettes, mais plus tendres, les feüilles sont fort grandes & viennent d'une ti-ge, au bout de laquelle est une teste sembla-ble à celle d'un tournesol, dans laquelle tou-tes ces noisettes sont proprement arrangées: elles sont fort bonnes cuittes & cruës.

Comme nous costoyons des rochers affreux pour leur hauteur & pour leur largeur, nous vismes sur un de ces rochers deux Monstres en peinture, qui nous firent peur d'abord, & sur lesquels les Sauvages les plus hardis n'osent ar-rester long-temps les yeux. Ils sont gros com-me un Veau, ils ont des cornes à la teste comme un Chevreüil, un regard affreux, des yeux rouges, une barbe de Tygre, la face a quelque chose de l'homme, le corps couvert d'écaille, la queuë si longue qu'elle fait tout le tour du corps, passant par-dessus la teste, & retournant entre les jambes elle se termine en queuë de poisson; le verd, le rouge & le noir sont les teintes ou les couleurs qui le composent: Au reste ces deux Monstres sont si bien peints, que nous ne pouvons pas croire qu'aucun Sau-vage en soit l'auteur, puisque les bons Pein-tres en France auroient peine à si bien faire, & d'ailleurs ils sont si haut élevez sur le ro-cher, qu'il est difficile d'y atteindre commo-dement pour des Peintres.

Comme nous nous entretenions sur ces

Monſtres, voguans paiſiblement dans une belle eau claire & dormante, nous entendiſmes le bruit d'un rapide dans lequel nous allions tomber : je n'ay rien veu de plus affreux ; un embarras de gros arbres entiers, de branches, d'Iletes flottantes, ſortoient de l'emboucheure de la riviere de Pekitanoni avec tant d'impetuoſité, qu'on ne pouvoit s'expoſer à paſſer au travers ſans grand danger ; l'agitation en eſtoit telle, que l'eau en eſtoit toute boüeuſe & ne pouvoit s'épurer. Pekitanoni eſt une riviere conſiderable, qui venant aſſez loin du coſté du Nord-Oüeſt ſe décharge dans Miſſiſſipy ; pluſieurs Bourgades de Sauvages ſont placées le long de cette riviere : j'eſpere par ſon moyen faire la découverte de la mer Vermeille ou Golfe de Californie.

Nous jugeons bien par le Rum de vent que tient le Miſſiſſipy, que ſi elle continuë dans la meſme route, qu'elle a ſa décharge dans le Golfe Mexique. Il ſeroit bien avantageux de trouver la riviere qui va à la mer du Sud vers la Californie ; & c'eſt, comme j'ay dit, ce que j'eſpere de rencontrer par la Pekitanoni, ſuivant le rapport que m'en ont fait les Sauvages, deſquels j'ay appris qu'en remontant cette riviere pendant cinq ou ſix journées, on trouve une belle prairie de vingt ou trente lieuës de long, il faut la traverſer allant au Nord-Oüeſt ; elle ſe termine à une petite riviere ſur laquelle on peut s'embarquer, n'estant pas difficile de transporter les Canots par un aussi beau païs que cette prairie. Cette seconde riviere a son cours vers le Sur-Oüest pendant dix ou quinze lieuës, apres quoy elle entr dans un petit Lac, qui est la source d'une autre riviere profonde, laquelle va au couchant, où elle se jette dans la mer. Je ne doute point que ce ne soit la mer Vermeille, & je ne desespere pas d'en faire un jour la découverte, si Dieu m'en fait la grace & me donne la santé, afin de pouvoir publier l'Evangile à tous les peuples de ce nouveau monde, qui ont croupy si longtemps dans les tenebres de l'Infidelité. Reprenons nostre route, apres nous estre échapez comme nous pûmes du danger d'estre emportez par ce rapide ou torrent.

Apres avoir fait environ vingt lieuës au Sud, & un peu moins au Sud-Est, nous nous trouvons à une riviere apellée Ouabouskigou, dont l'embouchure est au 36 degré de latitude. Avant que d'y arriver nous passons par un lieu redoutable aux Sauvages, parce qu'ils estiment qu'il y a un Manitou, c'est à dire un Demon, qui devore les passans ; & c'est dequoy nous menaçoient les Sauvages qui nous vouloient détourner de nostre entreprise. Voicy ce Demon : C'est une petite ance de rochers, haute de vingt pieds, où se décharge tout le courant de la riviere, lequel estant repoussé contre celui qui le ſuit, & arreſté par une Iſle qui eſt proche, l'eau eſt contrainte de paſſer par un petit canal, ce qui ne ſe fait pas ſans un furieux combat de toutes ces eauës qui rebrouſſent les unes ſur les autres, & ſans un grand tintamarre, qui donne la terreur aux Sauvages qui craignent tout, mais cela n'empeſche pas de paſſer & arriver à Ouabouſkigou. Cette riviere vient des Terres du Levant, où ſont les peuples qu'on appelle Chuoüanons en ſi grand nombre, qu'en un quartier on compte juſques à vingt-trois Villages & quinze en un autre, aſſez prés les uns des autres. Ils ne ſont nullement guerriers, ce ſont peuples que les Iroquois vont chercher pour leur faire la guerre ſans aucun ſujet; & parce que ces pauvres gens ne ſçavent pas ſe défendre, ils ſe laiſſent prendre & emmener comme des troupeaux, & tout innocens qu'ils ſont, ils ne laiſſent pas de reſſentir la barbarie des Iroquois, qui les brûlent cruellement.

Un peu au-deſſus de cette riviere dont je viens de parler ſont des Falaiſes, où nos François ont apperceu une Mine de fer qu'ils jugent tres-abondante.

Il y en a pluſieurs veines, & un lit d'un pied de hauteur: on en voit de grands morceaux liés avec des cailloux. Il s'y trouve d'une terre graſſe de trois ſortes de couleurs, de pourprée, violette & rouge, l'eau dans laquelle on

la·

lave prend la couleur de ſang. Il y a auſſi d'un ſable rouge fort peſant, j'en mis ſur un aviron qui en prit la couleur ſi fortement que l'eau ne la pût effacer pendant quinze jours que je m'en ſervois pour nager.

C'eſt icy où nous commençons à voir des cannes, ou gros roſeaux, qui ſont ſur le bord de la riviere; elles ont un verd fort agreable, tous les nœuds ſont couronnez de feüilles longues, étroites & pointues: elles ſont fort hautes, & en ſi grande quantité que les Bœufs ſauvages ont peine à les forcer.

Juſques à preſent nous n'avons point eſté incommodez des Maringoüins, mais nous entrons comme dans leur païs; voici ce que font les Sauvages de ces quartiers pour s'en défendre: Ils élevent un échafaut qui n'eſt que de perches,& par conſequent peu fermé & à jour, afin que la fumée paſſe au travers faiſant du feu deſſus & chaſſe ces petits animaux qui ne la peuvent ſouffrir; on ſe couche ſur les perches, au-deſſus deſquelles ſont des écorces étenduës contre la pluye, & l'échafaut leur ſert contre les chaleurs exceſſives & inſupportables de ce pays, car on s'y met à l'ombre à l'eſtage d'embas, & on s'y garentit des rayons du Soleil prenant le frais du vent, qui paſſe librement au travers de cet échafaut.

Dans le meſme deſſein nous fuſmes contrains de faire ſur l'eau une eſpece de Cabane avec nos voiles pour nous mettre à couvert des Maringoüins & des rayons du Soleil. Comme nous nous laissons aller en cet estat au gré de l'eau, nous apperceusmes à terre des Sauvages armez de fuzils, avec lesquels ils nous attendoient; je leur presentay d'abord mon Calumet empanaché, pendant que nos François se mettent en deffense, & attendoient à tirer que les Sauvages eussent fait la premiere descharge; je leur parlai en Huron, mais ils ne répondirent pas un mot, ce qui me parut nous declarer la guerre; ils avoient neantmoins autant de peur que nous, & ce que nous prenions pour signal de guerre estoit une invitation qu'ils faisoient de nous approcher pour nous donner à manger. Nous debarquons donc & nous entrons dans leurs cabannes où ils nous presentent du bœuf sauvage & de l'huile d'Ours, avec des prunes blanches, qui sont excellentes; ils ont des fuzils, des haches, & des hoües, des cousteaux, de la rasade, des bouteilles de verre double, où ils mettent leur poudre; Ils ont les cheveux longs & se marquent à la façon des Iroquois; les femmes sont vestuës & coiffées comme des Hurones; ils nous asseurent qu'il n'y a plus que dix journées jusques à la mer, qu'ils achetoient les estoffes des Europeans qui estoient du costé de l'Est; que les Europeans avoient des Images & des Chapelets, qu'ils joüoient des instruments, qu'il y en avoit de faits comme moy,

& qu'ils en estoient bien receus : cependant je ne vis personne qui me parust avoir receu aucune instruction pour la Foy, je leur en donnay ce que je pus avec quelques Medailles.

Ces nouvelles nous animerent & nous firent prendre l'aviron avec une nouvelle ardeur, Nous avancons donc & nous ne voyons plus tant de prairies, parce que les deux costez de la riviere sont bordez de hauts bois ; les ormes, les cottonniers & les bois blancs y sont admirables pour leur grosseur & hauteur : la quantité de bœufs sauvages que nous entendions meugler nous fit croire que les prairies sont proches ; nous voyons aussi des Cailles sur le bord de l'eau ; nous avons tué un petit perroquet qui avoit la moitié de la teste rouge, l'autre moitié & le col jaune, & tout le corps verd. Nous estions descendus proche de 33 degrez d'élevation, allant presque toûjours vers le Sud, quand nous apperceusmes un Village sur le bord de l'eau nommé Mitchigamea; Nous eusmes recours à nostre Patronne & à nostre Conductrice la Sainte Vierge immaculée, & nous avions bien besoin de son assistance ; car nous entendismes de loin les Sauvages qui s'animoient au combat par leurs cris continuels ; ils estoient armez d'arcs, de fléches, de massües, de haches & de boucliers, ils se mirent en estat de nous attaquer par terre & par eau, une partie s'embarquent dans de grands canots de bois, les uns pour monter la riviere, les autres pour la descendre, afin de nous couper chemin & nous envelopper de toutes parts; ceux qui estoient à terre alloient & venoient comme pour commencer l'attaque; en effet deux jeunes hommes se jettent à l'eau pour se venir saisir de mon canot, mais le courant de l'eau les ayant contraint de reprendre terre, l'un d'eux nous jetta sa massuë qui passa par dessus nous sans nous toucher; j'avois beau leur montrer le Calumet & leur faire signe ou geste que nous ne venions pas en guerre, l'allarme continuoit toûjours, & l'on se preparoit déja à nous percer de fléches de toutes parts, quand Dieu toucha soudainement les cœurs des Vieillards qui estoient sur le bord de l'eau, sans doute par la veuë de nostre Calumet qu'ils n'avoient pas bien reconnu de loin, mais comme je ne cessois de le faire paroistre ils en furent touchez & arresterent l'ardeur de leur jeunesse, & mesme deux de ces Anciens ayant jetté dans nostre Canot comme à nos pieds leurs arcs & leurs carquois pour nous mettre en assurance, ils y entrerent & nous firent approcher de terre, où nous debarquasmes, non pas sans crainte de nostre part. Il fallut au commencement parler par gestes, parce que personne n'entendoit rien des six langues que je sçavois. Il se trouva enfin un Vieillard qui parloit un peu Ilinois: Nous leur fiſmes paroiſtre par nos preſens que nous allions à la mer: Ils entendirent bien ce que nous leur voulions dire, mais je ne ſçay s'ils conceurent ce que je leur diſois de Dieu & des choſes de leur ſalut, c'eſt une ſemence jettée en terre qui fructifiera en ſon temps. Nous n'euſmes point d'autre réponſe, ſinon que nous apprendrions tout ce que nous demandions en un grand Village nommée Aкamſca, qui n'eſtoit qu'à huit ou dix lieuës plus bas: Ils nous preſenterent de la ſagamité & du poiſſon, & nous paſſaſmes la nuit chez eux avec aſſez d'inquietudes.

Nous nous embarquâmes le lendemain de grand matin avec noſtre Interprete, un Canot où eſtoient dix Sauvages alloient un peu devant nous. Eſtans arrivez à une demie lieuë de Aкamſca, nous viſmes paroiſtre deux Canots qui venoient au devant de nous: celuy qui y commandoit eſtoit debout, tenant en main le Calumet, duquel il faiſoit pluſieurs geſtes ſelon la couſtume du pays; il vint nous joindre en chantant agreablement & nous donna à fumer, apres quoy il nous donna de la ſagamité, & du pain fait de bled d'Inde, dont nous mangeaſmes un peu, enſuite il prit le devant, & nous ayant fait ſigne de venir doucement apres luy, On nous avoit preparé une place ſur l'échaffaut du Chef des Guerriers; il eſtoit fort propre & tapiſſé de belles nattes de joncs ſur leſquelles on nous fit aſſeoir ; ayant autour de nous les Anciens, qui eſtoient les plus proches apres les Guerriers, & enſuite tout le peuple en foule : Nous trouvaſmes là par bonheur un jeune homme qui entendoit l'Ilinois beaucoup mieux que l'Interprete que nous avions amené de Mitchigamea ; ce fut par ſon moyen que je parlay d'abord à toute cette aſſemblée par les preſens ordinaires : ils admiroient ce que je leur diſois de Dieu & des Myſteres de noſtre ſainte Foy, ils faiſoient paroiſtre un grand deſir de nous retenir avec eux pour les pouvoir inſtruire.

Nous leur demandaſmes enſuite ce qu'ils ſçavoient de la mer ; ils nous répondirent, que nous n'en eſtions qu'à dix journées : que nous aurions pû faire ce chemin en cinq jours : qu'ils ne connoiſſoient pas les Nations qui l'habitoient, à cauſe que leurs Ennemis les empeſchoient d'avoir commerce avec ces Europeans ; que les haches, couſteaux, raſades que nous voyons leurs eſtoient vendus en partie par des Nations de l'Eſt, & en partie par une Bourgade d'Ilinois placée à l'Oüeſt, à quatre journées de là ; que ces Sauvages que nous avons rencontré qui avoient des fuſils, eſtoient leurs ennemis, leſquels leur fermoient le paſſage de la mer, & les empeſchoient d'avoir connoiſſance des Europeans, & d'avoir avec eux aucun commerce ; qu'au reſte nous

nous exposions beaucoup de passer plus outre, à cause des courses continuelles que leurs ennemis font sur la riviere, qu'ils courent continuellement.

Pendant cet entretien on nous apportoit continuellement à manger dans de grands plats de bois, tantost de la sagamité, tantost du bled entier, tantost d'un morceau de chien: toute la journée se passa en semblables festins.

Ces peuples sont assez officieux & liberaux de ce qu'ils ont, mais ils sont miserables pour le vivre, n'osans aller à la chasse des Bœufs sauvages à cause de leurs ennemis. Il est vray qu'ils ont le bled d'Inde en abondance, qu'ils sement en toute saison; nous en vismes en mesme temps qui estoient en maturité, d'autres qui ne faisoient que pousser, & d'autres qui estoient en lait; de sorte qu'ils sement trois fois l'an: ils le font cuire dans de grands pots de terre qui sont bien faits: ils ont aussi des assiettes de terre cuite dont ils se servent à divers usages. Les hommes vont nuds, portent les cheveux courts, ont le nez & les oreilles percez pour y mettre de la rassade: les femmes sont vestuës de méchantes peaux, noüent leurs cheveux en deux tresses qu'elles jettent derriere leurs oreilles, & n'ont aucune rareté pour se parer: Leurs festins sont sans nulle ceremonie, ils presentent aux invitez de grands plats dont chacun mange à discretion, & se donnent les restes les uns aux autres : leur langue est extrémement difficile, & je ne pouvois venir à bout d'en prononcer aucun mot, quelque effort que je pusse faire : leurs Cabanes, qui sont faites d'écorce, sont longues & larges ; ils couchent aux deux bouts, élevez de deux pieds de terre ; ils y gardent leur bled dans de grands paniers faits de cannes, ou dans des bourdes grosses comme des demy bariques.

Ils ne sçavent ce que c'est que le Castor, leurs richesses consistent en peaux de Bœufs sauvages ; Ils ne voyent jamais de neige chez eux, & ne connoissent l'Hyver que par les pluyes, qui y tombent plus souvent qu'en Esté : Nous n'y avons point mangé d'autres fruits que des melons d'eau ; s'ils sçavoient cultiver leur terre, ils en auroient de toute sorte.

Le soir les Anciens firent un Conseil secret, dans le dessein que quelques-uns avoient de nous casser la teste pour nous piller, mais le Chef rompit toutes ces menées, il nous envoya querir pour marque d'une parfaite assurance, il dansa le Calumet devant nous de la façon que j'ay descrit cy-dessus, & pour nous oster toute crainte il m'en fit present.

Nous fismes Monsieur Joliet & moy un autre conseil pour deliberer sur ce que nous aurions à faire ; si nous passerions outre, ou si nous

nous

nous contenterions de la descouverte que nous avions faite.

Aprés avoir attentivement consideré que nous n'estions pas loin du Golfe Mexique, dont le bassin estant à la hauteur de 31 degré 40 minuttes, nous ne pouvions pas en estre esloignez plus de deux ou trois journées, qu'indubitablement la riviere de Mississipi avoit sa descharge dans la Floride au Golfe Mexique & non pas du costé de l'Est dans la Virginie, dont le bord de la mer est à 34 degrez que nous avons passé sans estre encore neantmoins arrivez à la mer, ny aussi du costé de l'Oüest à la Californie, pource que nous devions pour cela avoir nostre route à l'Oüest ou à l'Oüest-Sud-Oüest, & nous l'avions toûjours au Sud. Nous considerasmes de plus, que nous nous exposerions à perdre le fruit de nostre voyage, duquel nous ne pourrions donner aucune connoissance, si nous allions nous jetter entre les mains des Espagnols, qui sans doute nous auroient du moins retenus prisonniers; outre cela nous voyions bien que nous n'estions pas en estat de resister à des Sauvages alliez des Europeans, nombreux & experts à tirer du fuzil, & qui infestoient continuellement le bas de cette riviere; qu'enfin nous avions pris toutes les connoissances qu'on peut souhaitter dans cette découverte. Toutes ces raisons nous firent conclure pour le retour que nous declarasmes aux Sauvages, & pour lequel nous nous preparasmes aprés un jour de repos.

Aprés un mois de navigation, en descendant sur Missisipi depuis le 24 degré jusques au 34, & plus, & aprés avoir publié l'Evangile autant que j'ay pû aux Nations que j'ay rencontré, nous partons le dix-sept Juillet du Village des Akamsca pour retourner sur nos pas. Nons remontons donc le Missisipi, qui nous donne bien de la peine à remonter ses courans; il est vray que nous le quittons vers le 38 degré pour entrer dans une autre riviere qui nous abrege de beaucoup le chemin, & nous conduit avec peu de peine dans le Lac des Ilinois.

Nous n'avons rien veu de semblable à cette riviere où nous entrons, pour la bonté des terres, des prairies, des bois, des Bœufs, des Cerfs, des Chevreüils, des Chats sauvages, des Outardes, des Cygnes, des Canards, des Perroquets & mesmes des Castors; il y a quantité de petits Lacs & de petites rivieres. Celle sur laquelle nous navigeons est large & profonde, paisible pendant soixante-cinq lieües; le Printemps & une partie de l'Esté on ne fait de transport que pendant une demie lieuë. Nous y trouvâmes une Bourgade d'Ilinois nommée Kuilka, composé de soixante quatorze Cabanes; ils nous y ont tres bien receus, & ils m'ont obligé de leur promettre que j'y retournerois pour les instruire. Un des Chefs de cette Nation avec la jeunesse nous est venu conduire jusques au Lac des Ilinois, d'où enfin nous nous sommes rendus dans la Baye des Puants sur la fin du mois de Septembre d'où nous estions partis vers le commencement du mois de Juin.

Quand tout le Voyage n'auroit valu que le salut d'une ame, j'estimerois toutes mes peines bien recompensées, & c'est ce que j'ay sujet de présumer; car lorsque je retournois nous passâmes par les Ilinois de Peroüacca, je fus trois jours à leur publier les mysteres de nostre Foy dans toutes leurs Cabannes, apres quoy comme nous nous embarquions, on m'apporta au bord de l'eau un enfant moribond que je baptisay un peu avant qu'il mourust, par une providence admirable, pour le salut de cette ame innocente.

FIN.

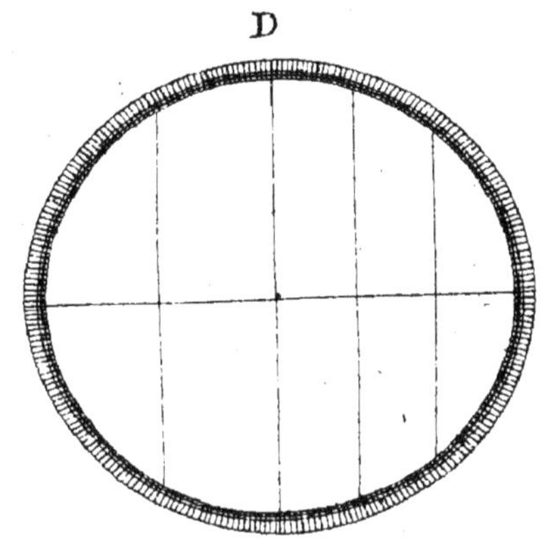
D

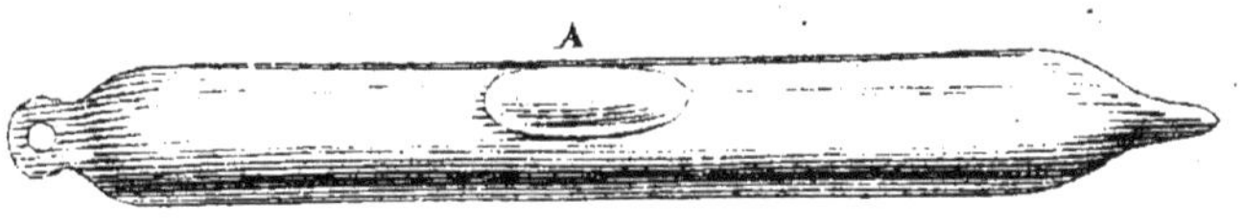
A

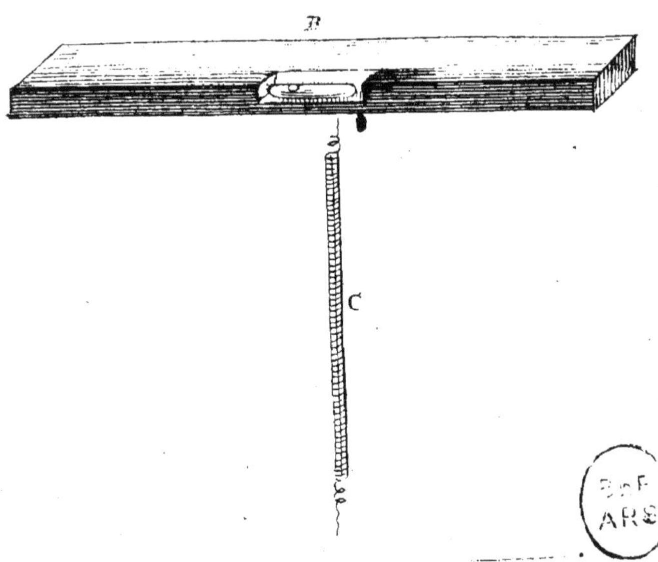
B
C

DISCOURS
SUR L'ART
DE LA
NAVIGATION,

Avec quelques Problémes qui peuvent ſuppléer en partie ce qui manque à un Art ſi neceſſaire.

PROBLE'MES.

I. *Donner la conſtruction d'un Niveau plus portatif, plus facile à faire & à employer, & plus exact que tous ceux dont on s'eſt ſervi juſqu'à cette heure.*

II. *Prendre hauteur plus exactement ſur*

Mer, lors mesme que l'on ne voit pas l'Horizon, & que le vent empéche de se servir des Instrumens ordinaires.

III. *Rendre plus exactement la valeur d'un Degré en nos lieuës ou mesures, & par là résoudre le Probléme de la mesure de la Terre..*

IV. *Fixer la valeur de ces lieuës ou mesures, en sorte que les autres Nations & la posterité les puissent entendre.*

V. *Faciliter l'observation des Longitudes.*

C'EST avec beaucoup de justice, ce me semble, que l'on se plaint de la pluspart des Gens de Lettres des siecles passez, & du mauvais usage qu'ils ont presque toujours fait de leur temps. Peut-on s'empécher de s'en plaindre toutes les fois que l'on se trouve dans les lieux où l'on conserve le fruit de leurs veilles, & que l'on voit dans nos plus grandes Bibliotheques des faces entieres occupées par un nombre infini de Commentaires sur Aristote, un pareil nombre de Sommes, de questions de Theologie scholastique, & de résolutions de Casuistes, autant de livres de Droit, trois ou quatre mille

Chymiftes, une fois autant de Medecins ? Ne faut-il pas avoüer que de tous les hommes des fiecles paſſez, il n'y en a point qui ayent plus mal employé leur temps que ceux qui ont fait profeſſion des Sciences. Ils ont voulu faire croire qu'ils l'employoient tout entier à la recherche de la verité, à mettre le repos dans l'efprit des hommes, à leur rendre la poſſeſſion de leurs biens plus tranquille, & à les guerir de leurs maladies : Cependant il fe trouve qu'il n'y a point de nations plus tranquilles que celles qui n'ont point de livres de chicane, ni de peuples qui joüiſſent d'une plus grande fanté, & qui ayent des remedes plus feurs contre lès maladies, que ceux qui n'ont point de Medecins.

Mais fi nous avons tant de fujet de nous plaindre de ceux qui fe font appliquez avec fi peu de fruit à ces Sciences ou à ces Etudes, il n'en eft pas de même de ceux qui ont cultivé les Arts ; car il eft conftant qu'ils y ont fait de grands progrés, & qu'ils les ont portez à un degré de perfection fort élevé au-deſſus de ce qu'ils eftoient dans leurs commencemens.

L'Art de la Navigation qui en doit eftre ici l'exemple, a toûjours efté pratiqué par des gens auſſi groſſiers que nos Sçavans de profeſſion ont crû eftre fubtils : cependant ces gens de Mer, ces gens de peu de difcours, & encore moins d'application à l'étude, font parvenus à un degré d'exactitude qui les a fait admirer de tout le monde : & les Navigateurs de nostre siecle doivent estre fort satisfaits de leurs ancestres, & compter pour bon l'employ qu'ils ont fait de leur temps toutes les fois qu'ils entreront en compte sur ce qu'ils ont trouvé dans leur succession d'experiences & d'enseignemens.

Nous voyons que les anciens Navigateurs n'osoient perdre de veuë les côtes, & que lors qu'il falloit faire canal, c'est à dire perdre la terre de veuë, ils ont esté réduits quelquefois à se servir de moyens aussi grossiers, que celui de mettre dans leurs vaisseaux des pigeons & de les laisser aller pour regler leur navigation selon leur vol, & trouver par là les terres d'où les pigeons avoient esté apportez. Dans ces premiers temps l'un de ces anciens Pilotes pour avoir osé faire canal, & avoir navigé par un mousson ou vent fixe qu'il avoit observé jusques à un port des Indes où ce vent le portoit, passa pour un des plus grands hommes de son temps. Ce vent mesme fut connu depuis sous le nom de ce Pilote. Cependant cette entreprise qui passa alors pour la plus grande & la plus difficile que l'on eût encore hazardée, est aujourd'hui une des plus faciles qui se rencontrent dans l'Art de la Navigation. Ce Recueil de voyages en donne souvent des exemples, principalement dans le Routier d'Amotta, & dans l'Instruction pour la route des Indes Orientales ; car l'une & l'autre de ces pieces nous apprennent que lors qu'on a rencontré ces moussons, c'est à dire ces vents fixes qui durent toute une saison entre les deux Tropiques, la route se fait sans que l'on change les voiles. Les observations des Pilotes ont esté bien plus loin, elles nous apprennent le lieu où l'on doit trouver ces vents selon les differens temps de l'année, & nous connoissons souvent le lieu de la terre où nous sommes par la veüe de ce que la sonde nous a apporté du fond de la Mer. Les déclinaisons de l'Aiman dont ils ont tenu registre, nous marquent en beaucoup de rencontres la longitude ; & il est vray de dire que ces gens nous ont donné aujourd'hui des routiers & des instructions si exactes, que l'on fait le tour de la terre avec moins de danger qu'il n'y en avoit autrefois à traverser la Mer Mediterranée. Nous devons ces connoissances & ces avantages aux écrits utiles, & aux observations exactes des Navigateurs des siecles passez. La Geographie & beaucoup d'autres Arts se sont perfectionnez de même, & on auroit fait un semblable progrés dans les Sciences si on y voit employé de la mesme sorte les experiences & les obseravations.

Mais la pluspart des Sciences, comme nous les avons maintenant, & leurs systemes, ne sont qu'un pur jeu de l'esprit de l'homme qui naturellement fuit la peine de raisonner juste de trouver de veritables preceptes, & d'en tirer les consequences de mesme, toujours prest d'admirer son ouvrage, & de soutenir avec beaucoup d'opiniâtreté ce qu'il a avancé sans fondement.

Dans les Arts au contraire, lors que l'ouvrier a mal raisonné, & qu'il vient à mettre en pratique un faux raisonnement, il en est convaincu aussi-tost par le mauvais succés de sa besogne, & corrigé par le dommage qu'il en a souffert. Si les Navigateurs eussent imité les Medecins & les Philosophes, & qu'ils se fussent arrestez à ces raisonnemens qu'ils font il y a si long-temps, nous serions encore tous d'accord de l'impossibilité de traverser la Zone Torride, nous condamnerions comme heretiques ceux qui assureroient le contraire, & qu'il pût y avoir des hommes au-delà de la ligne. Semblables raisonnemens nous auroient privez de toutes ces belles & utiles connoissances du nouveau monde plus grand que celui que les anciens ont connu; ainsi la moitié de la terre seroit encore dans le cahos où l'ignorance des siecles passez l'avoit laissée.

Si les Medecins avoient imité les Navigateurs, & qu'ils eussent continüé les remarques & les observations que leurs premiers fondateurs avoient commencé de faire, nous aurions une suite d'histoire des maladies de plus de deux mil ans, & les remedes de trente ſiecles, car il y a autant de temps que l'on a commencé à conſacrer dans un Temple les inſcriptions des remedes dont on avoit tiré du ſecours dans les maladies, & fondé ainſi cette Medecine experimentale que les dogmes mal établis, & la fauſſe éloquence des Medecins qui ſont venus aprés, nous ont fait perdre; tellement qu'ils ſont encore aujourd'huy dans l'état où ils ſe plaignoient d'eſtre vers le temps d'Auguſte. [a] D'avoir trop de paroles, & point de Remedes.

Ceux qui ont parlé de bonne foy de la Phyſique ou de la Medecine, ont confeſſé cette neceſſité de faire des experiences & des obſervations pour y ſçavoir quelque choſe. Deſcartes l'avoüe par tout où il a occaſion d'en parler, tout le monde en eſt maintenant perſuadé, & c'eſt à quoi devroient s'occuper principalement le grand nombre de Gens de Lettres qui ſuivent aujourd'hui ſa Philoſophie, autrement il ne nous ſera pas plus utile d'avoir beaucoup de Commentateurs de Deſcartes & de Gaſſendy, qu'il nous a peu ſervi juſqu'à cette heure d'avoir employé tant de ſiecles à commenter les ſyſtemes d'Epicure, de Platon & d'Ariſtote: Enfin douze ou quinze cent Traitez ſur la cauſe de la fiévre & ſur la methode de la guerir, n'ont ſervi juſques à cette heure qu'à faire craindre cette maladie, que le Chinchinna des Indiens, & une

a *Illis verba ſupereſſe, deeſſe medendi ſcientiam.*

methode contraire à celle des Medecins, guerit presque toujours.

Ce fut sur de semblables réflexions que plusieurs personnes unies ensemble par l'amour de la verité, & par le dessein de travailler à l'avancement des Sciences & des Arts, quitterent la methode des anciens & leurs systemes, pour s'appliquer entierement à faire des observations & des experiences, comme à l'unique moyen de réüssir dans un si bon dessein.

C'est sur ce fondement que l'Assemblée qui s'estoit formée chez Monsieur de Montmort, a travaillé les deux dernieres années qu'elle s'est tenüe chez moi; ce temps sera conté un jour pour bien employé lors que les observations & les experiences qui s'y sont faites seront données au public.

Aprés avoir fait un recueil & un espece d'inventaire de ce que nous trouvons de biens effectifs dans la succession des Gens de Lettres des siecles passez, & dans les écrits des autres nations, aprés avoir veu par là combien l'on a avancé dans chaque Art, l'Assemblée devoit s'appliquer à pousser plus avant ses connoissances, & à suppléer ce que l'on trouveroit manquer à la perfection des Arts.

Les Navigateurs n'ont point trouvé jusques ici de moyens de prendre exactement hauteur lors que l'Horizon n'est pas libre, ou

que

que le vent les empéche de ſe ſervir de leurs inſtrumens, car leurs inſtrumens ſuppoſent la veüe de l'Horizon, & que le grand vent n'en empéche point l'uſage.

Je propoſeray ici une Machine nouvelle que j'ay trouvée il y a quatorze ou quinze ans, avec laquelle on remedie aſſurément à ces inconveniens où tombent tres-ſouvent les Pilotes, principalement lors qu'ils navigent entre les Tropiques & les Poles; car avec cette Machine qui eſt fort ſimple l'on peut prendre hauteur lors même que les broüillars empéchent la veüe de l'Horizon, & que les plus grands vents leur oſtent la liberté de ſe ſervir de la Baleſtrille & des autres Inſtrumens ordinaires. J'en donnay dans ce temps-là au public la deſcription, lors que noſtre Aſſemblée ſubſiſtoit encore, & je l'inſereray ici avec quelques remarques que les fautes que j'ay vû faire quelquefois à ceux qui s'en ſervent ont rendu neceſſaires.

PROBLE'ME PREMIER.

Donner la conſtruction d'un Niveau plus portatif, plus facile à faire & à employer, & plus exact que tous ceux dont on s'eſt ſervi juſqu'à cette heure.

IL s'eſt fait quelques nouvelles découvertes dans l'Aſſemblée pour l'avancement des Arts, qui s'eſt tenuë chez Monſieur Thevenot, qui peuvent eſtre d'un grand uſage, principalement pour les Bâtimens, pour la conduite des Eaux, & pour la Navigation. L'armement des Flottes des Indes, la jonction des Rivieres, & les grands bâtimens que l'on entreprend maintenant, ont fait croire que c'eſtoit le temps de rendre publique une choſe qui peut eſtre utile à ces entrepriſes, & qui avoit eſté propoſée dans cette Aſſemblée il y a déja quelque temps, & depuis à la Societé Royale d'Angleterre, & à l'Academie *del Cimento* de Toſcane.

C'eſt un Inſtrument où l'air enfermé avec quelque liqueur fait un Niveau, mais qui a ces avantages ſur tous ceux dont on s'eſt ſervi juſques à cette heure.

1. On le trouve plus juſte que les autres, car il n'y a point de ſi petite inclination qu'il ne faſſe connoiſtre.

2. Il eſt d'ailleurs d'autant plus ſeur pour la pratique, que les changemens de l'air, le ſec, l'humide & le vent qui alterent les autres Niveaux, ne peuvent en façon du monde corrompre ſa juſteſſe.

3. La main de l'ouvrier n'eſt point occupée à le tenir lors qu'il s'en ſert.

4. L'on employe moins de temps à s'en ſervir, qu'à ſe ſervir des Niveaux ordinaires; ce qui eſt fort conſiderable dans une pratique que les ouvriers ſont obligez de recommencer ſi ſouvent.

5. La conſtruction en eſt auſſi plus aiſée que celle des autres Niveaux. On choiſit un tuyau de quelque matiere tranſparante; un canon de verre par exemple, dont les coſtez ſoient paralleles; d'un diametre qui puiſſe recevoir le petit doigt, & qui ſoit environ ſept ou huit fois plus long que large. On le ferme par un bout, & on y met quelque liqueur. L'eſprit de vin y eſt fort propre, parce qu'il ne fait point de ſédiment, & qu'il ne gele jamais. On laiſſe du tuyau environ un peu moins de vuide qu'il n'a de diametre; on le bouche aprés, ou on le ſeelle par le feu.

Lors qu'on s'en ſert & qu'on l'applique ſur le plan que l'on veut examiner, l'air qui y eſt enfermé monte auſſi-toſt vers la partie du plan la plus élevée, & demeure ſans mouvement lors que le plan eſt horizontal, &

cela toujours avec la meſme juſteſſe, quelque temps qu'il faſſe.

Ce Niveau d'air qui donne l'horizon avec tant de juſteſſe, donnera par-conſequent la perpendiculaire ſur l'Horizon, & tous les differens angles, ſi vous y ajoûtez les diviſions ſur leſquelles il les puiſſe marquer.

PROBLE'ME II.

Prendre hauteur plus exactement ſur Mer, lors meſme que l'on ne voit pas l'Horizon, & que le vent empêche de ſe ſervir des Inſtrumens ordinaires.

C'Est ſur l'obſervation de la hauteur du Pole qu'eſt principalement fondé l'Art de la Navigation, & le plus admirable Probléme que l'eſprit humain ait réſolu, qui eſt de pouvoir conduire un Vaiſſeau en tel lieu du monde où l'on puiſſe naviger ſans avoir jamais fait le voyage.

Les Nations les plus ſçavantes dans l'Art de la Navigation ſe ſervent pour prendre hauteur, d'Inſtrumens avec leſquels il faut voir en même temps l'Horizon & l'Aſtre, ou ſon ombre : Lors qu'ils ne voyent point l'Horizon, ils ne s'en peuvent ſervir, ce qui arrive fort ſouvent : & quand ils le voyent, la réfraction les trompe toujours, & fait paroître l'Horizon plus haut qu'il n'eſt en effet. On ſçait trop ce que peut la réfraction, pour s'arreſter à le prouver par les témoignages des Hollandois dans la nouvelle Zembla, des Anglois dans leurs découvertes vers le Nord-Oeſt, & par celui de nos François qui ont veu ſouvent ſur terre le meſme objet, tanroſt plus haut, tantoſt plus bas, & qui ont l'experience que les refractions ſont encores plus grandes ſur mer que ſur terre, & qu'elles changent ſi ſi diverſement, ſelon les differens temps & les differens lieux, qu'on n'en ſçauroit donner de regle. L'Arbaléte commune, le Quartier dont ſe ſervent les Anglois, & enfin tous les Inſtrumen qui ſuppoſent la veuë de l'Horizon, ſont ſujets à ces deux défauts, auſquels on n'a pû trouver juſques ici de remede : car lors qu'on voit l'Horizon ils le ſuppoſent plus haut qu'il n'eſt en effet, comme je viens de dire, & ils ſont inutiles quand on ne le voit pas.

Le Niveau d'air nous donne une maniere de ſuppléer ce qui manque de ce coſté-là à un Art ſi neceſſaire, puiſqu'eſtant appliqué ſur les Inſtrumens des Mariniers, ou ce qui eſt encores mieux, ſur une équaire dont une des branches ſoit diviſée en 45 degrez, ſoit que le Ciel ſoit ſerein ou couvert, il marque toujours exactement l'Horizon.

Car avec un Instrument d'une construction si simple & si aisée l'on évite le changement des Marteaux, & le doute où on est toujours qu'ils soient à angles droits. Et pour les Divisions, on a crû à propos de les faire avec du fil de fer ou de quelqu'autre métal passé par une même filiere ; car ces fils sont égaux par leur construction, & étant tournez sur une aiguille comme on fait la cannetille, ils donneront les Divisions plus petites & plus justes qu'aucun Diviseur d'Instrumens de Mathematique le puisse faire ; & cela avec une grande épargne de temps & de dépense. Il y a encore cet avantage, que par le moyen de ces Divisions que l'on peut mettre dans un assez petit volume, un Navigateur peut porter de tres-grands Instrumens par tout, & s'en servir dans des occasions de necessité, dont on ne voit que trop d'exemples dans les voyages de long cours : car soit qu'on étende ces fils ou cannetilles sur une Regle ou sur un Cercle, elles les divisent de même en partie si égales, & si l'on veut si petites & si justes, que je ne crains point d'avancer, que si l'on fait jamais en Europe des Instrumens pour les Observations Astronomiques aussi grands que ceux qui ont esté faits en Asie, cette maniere de Division ne doive estre preferée à toutes les autres qui ont esté pratiquées jusques à present.

Il y d'autres manieres encores plus justes de prendre hauteur & de faire la plufpart des autres obſervations celeſtes, en ſe ſervant d'une lunette avec des filets a ſon foyer; car ſi vous la pointez au Zenit par le moyen du Niveau, elle vous peut faire voir preſques à toutes les heures de la nuit quelque Etoille qui en aprochera; & connoiſſant la declinaiſon de cette Etoille par les Tables, & ſa diſtance du Zenit par le moyen des filets de la lunette, vous avez la hauteur ſans autre calcul; & quand meſme une petite diſtance comme celle-là ſe prendroit par eſtimation, elle ne ſera jamais ſi fautive que les Inſtrumens des Mariniers, qui ne leur donnent point la Hauteur de nuit à une préciſion plus grande que de vingt-cinq à trente minutes.

La Hauteur ſe peut encore prendre par deux Etoilles veuës à l'Horizon ou ſous le meſme Azimut, ou lors qu'elles ſont au Meridien & proche de l'Horizon; mais comme ces manieres ſuppoſent une plus grande connoiſſance du Ciel que celle des Mariniers ordinaires, ce n'eſt pas ici le lieu de s'y étendre, la choſe eſtant d'ailleurs aſſez claire à ceux qui connoiſſent le Ciel pour l'entendre ſur la ſeule propoſition que j'en fais ici.

Ce peu de lignes avec la figure ſuffiront ſans doute au deſſein qui les a fait écrite, qui eſt d'enſeigner ſeulement la pratique de ce

Niveau & de ces Divisions : Les exemples que l'on en a donnez ici pour la Navigation & pour la conduite des Eaux, s'étendront aisément à l'Architecture & aux autres Arts.

Pour ce qui est de la theorie & de l'effet de l'air enfermé avec l'eau dans un même tuyau, il a esté examiné ailleurs par la même personne à l'occasion de l'eau qui monte dans la branche étroite du siphon. Et l'on se remet à la donner au public, lors que beaucoup d'autres pieces faites dans cette même Assemblée seront en état d'y paroistre.

PROBLE'ME III.

Rendre plus exactement la valeur d'un Degré en nos lieuës ou mesures, & par là résoudre le Problème de la mesure de la Terre.

LA latitude ou hauteur prise avec l'Instrument que je viens de dire, ou observée sans Instrument dans le Ciel par le moyen des Etoiles ou des Planetes fait connoistre combien l'on a avancé vers l'un ou l'autre Pole du monde ; mais le Navigateur devroit sçavoir encores combien un degré du Ciel luy vaut de lieuës sur la Terre, c'est à dire sçavoir la grandeur de la Terre. L'Antiquité s'est servie de diverses

diverſes obſervations pour venir à bout de ce Probléme : la plus fameuſe eſt celle du Caliphe Almamoun de la maiſon des Abaſſydes, je la rapporteray icy comme je l'ay traduite du texte Arabe des Prolegomenes de la Geographie d'Abulfeda ; car la traduction que j'en ay faite, & que l'on a veuë à la teſte du diſcours de la meſure de la Terre, n'eſt pas entiere.

Les grands Cercles de la Terre ſont diviſez en trois cent ſoixante parties, comme ceux que nous imaginons dans le Ciel. Ptolomée auteur de l'Almageſte, avec pluſieurs autres des Anciens, a obſervé qu'une de ces trois cens ſoixante parties ou degré, vaut ſoixante-huit milles & deux tiers de mille ſur terre. Ceux qui ſont venus depuis eux ont voulu s'en éclaircir par leur propre experience ; car s'étant aſſemblez par l'ordre d'Almamoun dans les Plaines de Seniar, ils prirent enſemble la hauteur du Pole, ſe ſéparerent aprés en deux troupes, l'une s'avança vers le Septentrion, & l'autre vers Midy, allant le plus droit qu'il leur fut poſſible, juſques à ce que l'une des troupes eût obſervé le Pole Septentrional plus élevé d'un degré, & que l'autre au contraire l'eût trouvé abaiſſé d'un degré. Ils ſe raſſemblerent enſuite à leur premiere ſtation pour confronter leurs obſervations ; il parut que l'une des troupes avoit compté 56 milles deux tiers pour un degré, & l'autre ſeulement 56 milles : Ils convinrent de prendre la plus grande mesure de 56 milles deux tiers. Tellement qu'entre cette observation & celle des anciens il y a dix milles de difference ; car les anciens faisoient le degré plus grand de dix milles que les modernes ne le font ; cependant il y en a encore qui aiment mieux suivre le calcul des anciens.

Mais il faut aussi remarquer que les coudées, les milles & les parasangues des anciens sont des mesures differentes de celle d'aujourd'huy, & que le pouce est une mesure commune aux uns & aux autres, car ils conviennent sur le sujet du pouce, & luy donnent la longueur de six grains d'orge mis à costé l'un de l'autre ; mais les anciens ont fait la coudée de 32 pouces, que les modernes ne content que pour 24 ; ainsi le mille des anciens qui vaut trois mil coudées de 32 pouces chaque coudée, est égal à celuy des modernes qui contient quatre milles coudées de 24 pouces chacune ; & la difference que l'on y trouve n'est que dans le nombre des coudées que l'antiquité a considerées autrement que ceux de nostre siecle. C'est-là le sens des paroles d'Albufeda.

Le peu de succés des entreprises que les anciens ont fait pour venir à bout de ce Probléme, & le souhait de tous les Mathematiciens, mesme de nos François qui y ont travaillé depuis peu, & avec plus d'exactitude que les autres nations, m'ont fait chercher une plaine plus étenduë que celle de Seniar, de Paris à Amiens, de Londres à Yorck, de Bergenpsom à Leyden, & que toutes les autres distances dont on s'est servi jusques à cette heure pour ce dessein. Je crois en avoir trouvé une qui y est fort propre, car l'on y pourra mesurer la distance de plusieurs degrez Nord & Sud, & sans que le haut & le bas du terrain où la rencontre des bâtimens & des forests empêchent l'application d'une mesure actuelle. C'est sur le Botenzée, Golfe que fait la mer Baltique en s'avançant dans les terres vers le Nord, & cela dans le temps que ses eaux sont glacées, puisqu'il est des années où l'on pourra traverser depuis Torn ville située au fonds de ce Golfe, jusques au dessous du Parage de Stokolm, & quelquefois encore plus bas en suivant les côtes Orientales de la mer Baltique, jusques en Prusse, & jusques à la Ville de Labio qui est au Sud du Curish Haff, étenduë qui fait une partie considerable de la circonferance de la terre, & qui donne une plaine de quatorze ou quinze degrez, mais une plaine que l'on peut mesurer sans obstacles, & une surface dont on peut connoistre la courbure. Il y a plus de quinze ans que j'ay communiqué cette pensée, & que j'ay excité un de mes amis qui estoit alors en Suede de l'executer ;

chose m'a paru toûjours tres-facile. Elle le paroistra de mesme à tout le monde, si l'on jette les yeux sur le plan que l'on a fait d'une partie de cette plaine pour representer la marche des Troupes du Marquis de Brandebourg, qui partirent des environs de la Ville de Labio, & marcherent Cavallerie, Infanterie, Artillerie & Bagage, firent en un jour douze grandes lieuës d'Allemagne sur la glace, & surprirent les Suedois dans leurs quartiers.

Ce plan qui est public confirme encore la facilité que je suppose; pour moy ce m'est assez d'avoir donné cette veuë & la maniere de résoudre un Probléme qui a exercé tant d'habiles gens; pour ce qui est de l'executer, & de faire mesurer cette grande étenduë; ce sont de ces soins que les Romains appellent *curas Regum*.

Ainsi en se servant d'une aussi grande base de treize ou quatorze degrez, ou d'environ 798840 thoises Françoises, l'on pourra venir à une plus grande précision touchant la mesure de la terre, que l'on n'a pû faire jusques à cette heure, à cause de la petitesse des bases sur laquelle on a établi jusques ici la résolution de ce Probléme. Par là nous pourrons déterminer le diametre & la grandeur de la terre que les hommes habitent il y a si longtemps sans la connoistre, & nous sçaurons assez exactement par cet usage ce qu'un degré vaut de nos lieuës. La glace a encores d'autres avantages pour l'obſervation, comme je l'avois marqué avec beaucoup d'autres circonſtances dans le memoire que j'en envoyay il y a quelques années à un de mes amis en Suede à qui j'avois propoſé de faire cette obſervation.

PROBLE'ME IV.

Fixer la valeur de ces lieuës ou meſures, en ſorte que les autres Nations & la poſterité les puiſſent entendre.

CE ne ſera pas aſſez d'avoir appris par cette obſervation combien un degré dans le Ciel vaut de lieuës ou d'autres meſures ſur la terre; il faut encore ſonger aux moyens de faire entendre quelles ſont ces meſures aux autres nations, & trouver quelque methode aiſée pour en tranſmettre la connoiſſance à la poſterité, afin qu'on ne tombe plus dans la meſme ignorance où nous ſommes maintenant des meſures de ceux qui nous ont precedé; & auſſi de leurs poids, car la connoiſſance des poids peut eſtre tirée en quelque façon de celle des meſures.

Ces gens de Lettres qui ont pris tant de ſoin de nous laiſſer des penſées & des raiſonnemens inutiles, n'ont jamais travaillé sérieusement à nous transmettre une connoissance aussi necessaire que celle des poids & des mesures : si-bien que presque par tout où il est parlé dans leurs livres de poids ou de mesures, nous ne les sçaurions entendre. Les grains d'orge & les crins de cheval dont ils se sont voulu servir pour nous faire entendre leurs mesures sont inégaux, & d'autant plus impropres à cet usage, qu'ils sont plus petits, qui est cependant la raison pour laquelle ils s'en sont voulu servir.

Gravius, comme on le voit dans la premiere partie de ce Recueil, a fait un voyage exprés d'Angleterre en Egypte pour graver sur le tombeau de la plus grande des pyramides le pied de son païs, persuadé qu'il résoudroit ainsi en mesme temps deux problémes, celuy d'établir une mesure commune à ceux de son siecle, & de la transmettre à la posterité. Il consideroit que ce tombeau ayant déja duré plus de trois mil ans, & estant encore fort entier, il pourroit conserver tres long-temps ces mesures, & qu'ayant rapporté à cette mesure ainsi gravée sur le tombeau de cette pyramide, les mesures qui sont aujourd'huy le plus en usage chez les autres nations; comme il a fait dans un Traité particulier, par là il en conserveroit la connoissance, les rendroit intelligibles à ceux de son siecle, & à tous les ſiecles qui les doivent ſuivre, auſſi long-temps au moins que dureroit le tombeau de la pyramide. Sa penſée peut eſtre utile, principalement aux Egyptiens tant que ce tombeau ſera dans ſon entier. Snellius avoit eû devant luy une ſemblable penſée, car il vouloit établir cette meſure commune ſur les ruines d'un fort que les Romains ont bâty à l'ancienne embouchure du Rhin ; mais ces methodes ne ſont pas generales, leur durée eſt attachée à celle de ces ruines, & il faut que ceux des autres nations ſortent de leur païs pour les apprendre.

D'autres ont crû pouvoir faire la meſme choſe plus exactement par le moyen de la longueur d'un pendule, la difference de l'air y peut apporter du changement ; un pendule de meſme longueur va plus viſte en Hyver qu'en Eſté, & peut eſtre autrement aux lieux qui ſont proche la ligne, qu'en ceux qui ſont avancez vers les Poles, outre que cette methode eſt impliquée avec une obſervation celeſte, & que hors de l'Europe il y a fort peu de gens capables de faire ſemblables obſervations avec la juſteſſe neceſſaire, & que les plus habils s'y peuvent tromper, comme il eſt arrivé à nos voiſins, & comme on le voit dans l'obſervation d'Almamoun.

Dans une entrepriſe que tant d'efforts inutils

ont renduë comme deſeſperée, il m'eſt venu dans l'eſprit que peut-eſtre l'on y réüſſiroit mieux en ſe ſervant de quelqu'un de ces ouvrages que nous diſons que les beſtes font par inſtinct; nous pouvons ce me ſemble ſuppoſer avec raiſon que cet inſtinct leur venant d'une cauſe eternelle, il doit eſtre toûjours le meſme & exempt de toutes ces varietez qui diſtinguent tout ce qui vient des hommes. Entr'autres exemples je trouvay que les cellules des abeilles de meſme eſpece, meſurées dans le temps que les abeilles les bâtiſſent, ſont égales entre elles, & ayant depuis meſuré celles des environs de Paris, de la Ville de Leyden, de Florence, je n'y trouvay aucune difference; & que ſi l'on ſuit les rangs ſelon leſquels les fonds ou baſes de ces cellules ſont diſpoſées, l'on trouvera qu'un meſme nombre de cellules donne toûjours la meſme meſure. Ainſi rapportant toutes les meſures dont on ſe ſert maintenant dans le monde, à celle des cellules des abeilles, la poſterité pourra par ce moyen les connoiſtre toutes: Et cette meſure que je propoſe icy ſera d'autant plus generale, qu'il y a des abeilles dans tous les endroits de la terre, auſſi-bien aux lieux qui approchent des Poles, qu'en ceux qui ſont plus avancez vers la ligne: Et quoy-que je l'établiſſe ſur de la cire, rien ne m'empéche de croire qu'elle ne puiſſe durer

rer autant que le monde, & qu'elle ne ſoit plus propre à ce deſſein que le diaſpre du tombeau ſur lequel Gravius a marqué le pied Anglois, & plus aiſée à entendre & à pratiquer que celle qui ſe peut tirer des vibrations du pendule, jointes à une obſervation celeſte, comme on l'a voulu faire en France & en Pologne. Mais auparavant que de l'établir, je voudrois avoir pû comparer les ouvrages des abeilles de lieux éloignez, du Cap de Bonne Eſperance & d'Egypte; par exemple, avec celles de la Moſcovie & du Mexique, &c. Et ſi elles ſe trouvent par tout égales, cette meſure ſe pourra rendre commune à toutes les nations, & par ſon moyen l'on pourra tranſmettre la connoiſſance des meſures de noſtre ſiecle, à la poſterité, qui eſt ce que l'on cherche. Ce Probléme s'étend auſſi à la connoiſſance des poids, ce qui eſt trop connu à ceux qui ont étudié cette matiere pour l'expliquer ici davantage.

Je ne puis retenir dans la plume quelques-unes des autres obſervations que j'ay faites ſur les abeilles, que la main de Dieu ne ſe voit point mieux ailleurs que dans ces ouvrages qui ſont faits par inſtinct, que la ſtructure des cellules des abeilles, qui eſt ce qu'il y a de plus admirable dans tout ce que nous voyons de l'ouvrage des animaux, eſt juſtement ce qui n'a point eſté remarqué par Aldrouandus, par Mouffet, ni par tous ces autres personnages de grande lecture, qui ont crû avoir traitté à fonds l'histoire des abeilles, à cause qu'ils ont ramassé tout ce que les anciens & les modernes en ont écrit.

Il est constant qu'il n'y a que trois figures regulieres qui peuvent remplir l'espace, c'est à dire pour parler plus intelligiblement, qui puissent paver un espace sans laisser de vuide entr'elles : Ces figures sont le triangle qui a les costez égaux, le quarré & l'exagone : Les abeilles pour bâtir leurs cellules, ont choisi une de ces figures qui ne laisse point d'espace vuide & inutile dans leur plan, mais ce n'estoit pas assez d'avoir cet égard pour rendre leur ouvrage parfait : Entre ces trois figures qui remplissent tout l'espace, il y en a une qui contient avec cela plus d'espace que les autres, sans qu'il y ait plus de travail. c'est l'exagone ; qui n'ayant qu'autant de tour qu'un triangle ou qu'un quarré, ne laisse pas de contenir plus d'espace que l'un ou l'autre de ces figures ; les cellules qu'elles élevent sur ce plan si-bien menagé, ont la mesme perfection de remplir exactement l'espace solide, & d'estre de la figure qui contient le plus. Et ainsi l'on peut démontrer que pour ces deux égards de ne point perdre de place & d'employer bien leur travail & leur terrain, elles ont fait tout ce que l'étude de la Geometrie auroit pû enſeigner aux plus habiles ; & qu'il ne ſe peut rien faire de plus parfait, en ce genre que ce qu'elles font.

Il ſe rencontre fort à propos pour confondre l'orgueil des Philoſophes, que ſur ce fait des figures ſolides qui rempliſſent l'eſpace ſolide où les abeilles ont ſi-bien réüſſi, tous les Commentateurs d'Ariſtote, auſſi-bien les Latins que les Grecs, ſe ſont trompez, quoy qu'entre ces derniers il y ait eu des Mathematiciens. Ainſi l'on peut appliquer à ces ouvrieres les vers que le Poëte s'appliquoit à luy-meſme, & dire à leur honneur,

In tenui labor, at tenuis non gloria.

Ou bien ſouffrir qu'un Poëte Perſan s'écrie avec une licence ordinaire aux Poëtes de ſon païs, Que ſi Archimede avoit examiné un ouvrage ſi ſurprenant, il ſe ſeroit mordu les doigts d'admiration avec les dents de l'envie.

PROBLEʹME V.

Faciliter l'obſervation des Longitudes, & de la déclinaiſon de l'Ayman.

CE n'eſt point aſſez d'avoir perfectionné la Navigation dans les quatre Problémes précedens ; il ne ſuffit pas à un navigateur de connoiſtre tres-exactement combien il a avancé de degrez ſous un Meridien, ce que vallent ces degrez en nos lieuës terreſtres; j'entens combien la circonference de la Terre contient de ces lieuës, & combien ces lieuës meſmes contiennent de nos thoiſes & de nos pieds. Il manque encore de connoiſtre la Longitude, c'eſt à dire combien l'on a avancé de l'Orient à l'Occident: Probléme que l'on cherche il y a long-temps, & dans la ſolution duquel toutes les nations du monde ſont intereſſées; car il eſt vray de dire qu'une grande partie des Vaiſſeaux qui ſe perdent contre les côtes, s'y perdent par l'ignorance de ce Probléme. Et un de ces habiles Pilotes Hollandois de la carriere des Indes Orientalles, me diſoit il y a quelques temps à Amſterdam, que dans cette grande courſe Eſt & Oeſt que l'on fait depuis le Cap de Bonne Eſperance juſques à Batavia. L'on ſe tromperoit tres-ſouvent de plus de deux cent lieuës, dans l'eſtime que l'on fait de la Longitude, ſi on ne corrigeoit l'eſtime de cette courſe par les obſervations de la déclinaiſon de l'Ayman.

En effet nous n'avons point juſqu'à cette heure d'autre ſecours plus propre pour prendre la Longitude ſur mer, que celuy d'obſerver la déclinaiſon de l'Ayman. Les Routiers de Tellier, Damotta, & tous ces autres voyages que j'ay donnez dans les quatre parties de ce Recueil, ſont remplis de ces obſervations : Mais la déclinaiſon de l'Ayman a encore bien des difficultez. L'on ne connoiſt pas encore aſſez les periodes de ce mouvement de l'Ayman qui s'éloigne de la ligne Meridiene, tantoſt du coſté de l'Eſt, tantoſt de celuy de l'Oeſt, & qui dans un autre temps s'en approche : L'on ne ſçait point auſſi quelle eſt la plus grande déclinaiſon en chaque lieu ; ainſi il eſt preſque impoſſible de faire un ſyſteme de ce mouvement. Et ſi je me hazardois à en faire un ſur le peu d'obſervations que nous en avons, ce ſeroit tomber dans le defaut dans lequel l'on ſe plaint que l'on tombe il y a ſi long-temps de ſe fier trop à ſon raiſonnement, & de décider ſans avoir autant d'experiences qu'il en faut pour le pouvoir faire à propos : Mais la poſterité & ceux qui auront ramaſſé d'autres obſervations pour établir les periodes de ces changemens, me ſçauront peut-eſtre un jour quelque gré des deux obſervations qui ſuivent, à cauſe qu'elles peuvent ſervir à la connoiſſance des periodes de la variation de l'Ayman pour les Longitudes, & à l'avancement de l'Art de la Navigation.

On a crû juſques à cette heure, que la déclinaiſon de l'Ayman n'a commencé d'eſtre obſervée que vers le commencement du dernier ſiecle : Cependant j'ay trouvé qu'elle varioit de 5 degrez l'an 1269, c'est dans un manuscrit qui m'est tombé entre les mains, avec ce titre, *Epistola Petri Adsigerii in super rationibus naturæ Magnetis.* Il y a une remarque dans cette Lettre que la pointe de l'eguille que l'on suppose marquer exactement le Nord, décline vers l'Orient, & que par plusieurs observations cette déclinaison s'est trouvée de 5 degrez. L'on voit encore que la plusspart des choses que l'on attribuë à Gilbert, & qui luy ont donné la réputation de pere de la philosophie de l'Ayman, estoient sçeuës dés le treiziéme siecle, cet Epoque de la déclinaison de l'Ayman, qui avoit esté oubliée jusques à cette heure, sera suivie d'une observation qui meriteroit bien d'avoir esté faite dés ce premier temps, auquel l'on s'apperçeut que l'eguille ne marquoit point precisément le Nord.

Au Solstice d'Esté de l'année 1663 je traçay une ligne Meridiene sur un plan fixe, afin de sçavoir quelle estoit alors la déclinaison de l'Ayman, & estre plus assuré à l'avenir de ses changemens. J'avois choisi pour ce dessein une maison de campagne dans Issy, village qui a Paris au Nord, & qui en est éloigné d'une bonne lieuë : Cela fut fait par le moyen des ombres prises le matin, & l'aprés midy du jour du Solstice d'Esté ; mais avec une circonstance remarquable. J'en traçay une par cette methode, & Monſieur Frenicle une autre ſur cette meſme pierre : Elles ſe trouverent toutes deux ſi exactement paralelles, que nos autres Mathematiciens n'y remarquerent aucune difference. Ainſi nous demeurâmes perſuadez que nous nous pouvions fier à cette obſervation, & tenir cette ligne Meridiene pour bien tirée.

Ayant enſuite appliqué diverſes Bouſſoles à cette ligne Meridiene pour trouver la déclinaiſon de l'éguille, nous vîmes qu'elle ne déclinoit point en ce tempslà. J'y ay appliqué depuis d'année en année les meſmes Bouſſoles, & j'ay trouvé qu'en l'année 1664 l'éguille déclinoit de plus d'un degré vers l'Oeſt; en 1667 de plus de deux degrez; en 1671 de deux & demi; & l'année ſuivante 1673 j'obſervay la déclinaiſon d'environ deux degrez & cinquante minutes, où je l'obſervay encore l'année 1677 ſans y avoir remarqué de changement; en 1678 le meſme. Cela donna lieu à nos Mathematiciens de croire qu'aprés avoir eſté ſtationaire de la ſorte, elle retourneroit vers l'Eſt: Cependant en l'année 1680 je l'a trouvé au Solſtice d'Eſté de trois degrez & demy, & la preſente année 1681 je n'y vois point de changement.

Je communiquay cette obſervation dés l'année 1663. à nos Mathematiciens, à l'Academie del Cimento de Florence. Je l'écrivis à Messieurs de Rawnlay & Oldenbourg, qui aprés s'estre trouvez plusieurs fois à nos Assemblez avoient établi en Angleterre celle qui subsiste aujourd'huy sous le nom de la Societé Royalle. Je trouve dans leurs réponses: *Cependant il est à observer que vostre variation de 8 degrez* (je crois qu'ils parlent de l'observation faite par Oronce) *dans l'espace d'environ 130 ans est venuë à rien, au lieu que la nostre qui estoit de deux degrez, s'est perduë dans l'espace d'environ 80 seulement, Monsieur Bourrough ayant trouvé l'an 1580 la déclinaison de 2 degrez 15 minutes, Monsieur Gonter l'an 1622 de 6 degrez 30 minutes, & Monsieur Ellibrand l'an 1634 de 4 degrez 16 minutes. I'espere que nos Messieurs feront aussi dans peu de temps une observation pour voir comment la variation se trouve icy à present, la saison estant à cette heure propre pour cela.*

Ces observations sont du nombre de celles qu'il nous importeroit fort que l'on eût faite il y a long-temps; & que ces gens de Lettres, qui ont perdu tant de loisir à nous écrire leurs pensées, en eussent donné quelques momens à une étude si necessaire.

FIN.

VOYAGE D'UN AMBASSADEUR QUE LE TZAAR DE MOSCOVIE ENVOYA PAR TERRE A LA CHINE L'ANNÉE 1653.

CEt [a] Ambassadeur partit de la Ville de Tobol en Syberie au mois de Mars 1653; apres quatre semaines & trois jours de navigation sur la riviere [b] Irtis, qui se rend dans l'Obi, il arriva à la Ville de Tara le ving-septiéme Juillet: Il en partit le premier Aoust, & arriva le dix-septiéme Septembre à Belou Woday, c'est à dire aux Eaues Blanches; il y fut quatre semai-

[a] *Il s'appelloit Saedor Iacowits Boicoof.* [b] *Elle est mal placée dans quelques Cartes.*

nes pour attendre des Guides & des bestes de somme que le Prince Ablai luy devoit fournir. Il en partit le quinze Octobre avec cinquante Chevaux & quarante Chameaux que ce Prince luy avoit envoyés: Apres huit jours de marche il arriva à un lieu nommé Calbasin ; il n'y trouva qu'une grande maison presque ruinée : de là il fut à Loukaragay, qui en est à deux journées, il gagna aprés les bors de la petite riviere Henkutia, qui est à une journée de Loukaragay ; elle vient d'entre des Rochers, & se va perdre dans l'Irtis. A main droite en remontant la riviere Irtis, est l'habitation d'un [c] Laba, ou Prestre Kalmuck, qui a quelques maisons de pierre sur l'autre rive de l'Irtis. Ce Laba servit de la culture de la terre, il a à son service des Buchares : l'on cultive en cét endroit du bled, de l'orge, du millet & d'autres grains.

Le 22 [d] Novembre l'Ambassadeur arriva à la résidence du Prince Ablay : Ses Sujets demeurent sous des huttes bâties de brique, ils ont toutes sortes de bestiaux & de grains. Ce Prince faisoit donner tous les mois à l'Ambassadeur, & à ceux de sa suite, pendant qu'ils furent là, trente [c] Kaepen de bled & d'orge,

c *Peut-estre Lama.*

d *ou Decembre, selon les Russes.*

§ *Kacp est un poids de quarante livres.*

cinq Kaepen de farine de froment, vingt moutons & dix chevreaux.

Le 27 le Prince envoya ſon Frere vers l'Ambaſſadeur pour voir les preſens du Tzaar ou Grand Duc de Moſcovie.

Le 27 Decembre l'Ambaſſadenr fut porter au Prince Ablai les preſens de Sa Majeſté Tzaarienne; il demeura deux jours à ſa Cour, & apres avoir paſſé quatre mois & dix jours dans ſes Eſtats, il prit avec luy ſon Ambaſſadeur & ils arriverent enſemble le troiſiéme Avril, apres douze jours de marche, à une petite riviere nommée Beſka, qui prend ſa ſource entre des rochers & va ſe perdre dans l'Irtis. Le Prince Ablai fait cultiver la terre proche de cette riviere, & il y a meſme fait bâtir quelques maiſons de pierre par des Ouvriers que le Grand Cham luy a envoyez du Cathay.

Le trentiéme Janvier l'Ambaſſadeur quitta le Prince Ablai pour continuer ſon voyage; & apres quatorze jours de marche il arriva à la réſidence du Prince Kol. A quatre journées de là eſt une petire ville nommée Kol, où il ne remarqua que deux maiſons baſties de briques habitées par des Preſtres Kalmucks.

A cinq journées de la Ville de Kol eſt le grand Lac, nommé en langue Kalmuque, Kiſil-

Le Païs porte du bled, du ſeigle, des pois & autres legumes.

bas ; la riviere Irtis le traverſe. Apres que l'Ambaſſadeur eut marché huit jours au-delà de ce Lac , le long de l'Irtis , il entra dans les Terres d'un [f] Taitſa Mogol.

Deux jours apres il arriva au Pays du Taitſa Irdekulu , qui demeure avec ſes Sujets ſous des tentes dreſſées le long de l'Irtis : Apres ſept jours de marche , toûjours entre des Rochers , il entra dans le païs d'un Taitſa Kalmuck [g], appelé Suruktakon [h], où la riviere Irtis prend ſon origine , à un lieu nommé Bulugan, qui eſt la réſidence de ce Taitſa. De là aux Terres du Taitſa Sudbiligenia Mogol , il y a vingt-deux journées de chemin , qui ſe fait par des montagnes fort hautes. Le Païs qui dépend du Taitſa Semſi , auſſi Mogol en eſt à huit journées de chemin ; il y a trois autres journés de là juſques aux Terres du dernier Taitſa Mogol , nommé Dobrona : car du Païs que poſſede ce Prince , juſques aux frontieres du Cathay , il ne reſte que quinze journées de chemin.

Tous ces Princes Kalmucks & Mogols habitent ſous des tentes qu'ils tranſportent ça & là quand ils veulent changer de demeure.

L'Ambaſſadeur employa deux mois à aller depuis les frontieres du Cathay juſques à la

[f] *Taitſa , en Kalmuck , ſignifie Prince. I'ay parlé à Moſco à un Prince Kalmuck appellé Taitſa Aldadois.*

[g] *Dans l'Original Moſcovite Iardakula.*

[h] *Suratekon dans l'original Moſcovite.*

ville de Kokotam, qui est la premiere des Villes qui se rencontre de ce costé là ; il souffrit dans ce chemin de montagnes tres hautes, tenuës par les Mogols & par les Kalmucks, de grandes incommoditez ; il fut mesme contraint de s'arrester des deux ou trois semaines en quelques endroits faute de vivres & d'eau qu'il falloit porter pendant le voyage. Comme l'Ambassadeur fut à dix journées au deça de Kokotam, il fit sçavoir son arrivée au Gouverneur afin qu'il luy envoyast des vivres & des chevaux, suivant la coûtume de la Chine ; mais le Gouverneur s'en excusa, sur ce qu'il n'en avoit aucun ordre du [g] Grand Cham son Maître ; l'Ambassadeur ne laissa pas de passer outre, apres avoir demeuré huit jours à Kokotam, il en partit le 21 Janvier avec deux Mandarins que le Gouverneur luy donna pour le conduire à la Ville Capitale du Cathay nommée Cambalu.

La Ville de Kokotam est fermée d'une muraille faite de terre & flanquée de tours de brique ; il y en a six plus grosses que les autres, dans lesquelles sont percées les portes de la Ville, fermées chacune de deux battans de bois de chesne, couvers de placques de fer.

[g] *Le Prince Aldadois m'a dit, que le Grand Cham qui est maintenant Maistre de la Chine, est appellé Mugal, par tous les Tartares, & Mogols.*

L'Ambassadeur ne remarqua aucune piece d'artillerie sur ces tours ny aux costez des six portes de la Ville. Il vit dehors & dedans la Ville plusieurs Pagodes bastis de briques vernies, comme aussi quantité de boutiques basties de pierre, sur le derriere desquelles les marchands sont logez. Tout le trafic se fait en Lalas [h], qui valent un peu plus de trois onces d'argent fin: les petites denrées se troquent contre le tabac & le thé. Ces boutiques estoient fournies de toutes sortes d'étoffes de soye, de Damas, de Satins, de taffetas, de toiles de cotton teintes de diverses couleurs, &c.

La terre y produit toutes sortes de grains, & les Forets les fournissent de bois.

L'Ambassadeur partit de Kokotam le 21 Janvier pour aller à la Ville de Kapty qui en est à douze journées, c'est la seconde Ville du Cathay qu'il rencontra sur sa route. Plusieurs Princes Mogols qui ont secoüé le joug d'autres Princes de leur Nation, & qui se sont engagez au service du Grand Cham, campent dans l'espace du pays qui est entre ces deux Villes; ils n'ont point de demeure arrestée, non plus que les autres Princes de leur Nation.

L'Ambassadeur estant donc arrivé le dix Février proche la Ville de Kapty, il fit sçavoir au Gouverneur sa venuë & luy fit demander des vivres & des bestes de somme; il s'excusa sur ce qu'il n'en avoit point d'ordre du Grand Cham son Maistre, & qu'il en écriroit à la Cour.

La Ville de Kapty est entre ces hautes roches sur lesquelles la muraille de la Chine est élevée; cette muraille est bâtie de pierre, elle a trois * brasses de haut & la moitié autant de large; elle est défenduë & flanquée par des tours de bricque éloignées de plus de cent brasses les uns des autres; en quelques endroits les tours sont sur la muraille, en d'autres il s'en faut dix brasses qu'elles ne touchent à la muraille; elle s'étend depuis la Ville de Suktsey où croist la Rhubarbe, jusques sur le bord de la Mer, à ce que me dirent les Katayens, les Buchares, & les Kalmucks.

Dix jours apres que le Gouverneur eut écrit au Grand Cham sur le sujet de l'Ambassadeur, l'ordre vint de luy donner les choses dont il auroit besoin. Il partit de Kapty le 21 Février avec deux Mandarins envoyez par le Grand Cham pour le conduire à [1] Cambalu, où il arriva apres sept jours de marche, dans cette marche il passa par dix-huit Villes basties de pierre ou de bricque; il y vit peu d'armes à feu, mais seulement quelques petits canons de fer, quelques soldats avec des fuzils & des picques, il y remarqua des ponts de pierre bâtis fort proprement.

* *Dans la version Latine Gaunas.*

[1] *Pekin.*

Les gens de quelque consideration ont un ou deux valets qui les suivent & qui leur portent un parasol ou un baston doré, mais les Gouverneurs, les Princes & les Gens de marque vont en litieres portées par quatre ou par huit porteurs : l'on crie devant eux *nem toec*, c'est à dire, Attendez un peu.

Le troisiéme Mars 1656. l'Ambassadeur estant arrivé à une Wurst ou demie de la Ville de Cambalu Capitale du Cathay, deux Mandarins l'y vinrent recevoir, l'un estoit Tartare & l'autre Chinois, tous deux Presidens du premier Tribunal de ia Chine. Ils conduisirent d'abord l'Ambassadeur dans un Pagode, où ils luy firent servir du Café & du Thé. Leurs Pagodes sont bâtis à l'honneur & à la memoire de leur Talemana, qui vivoit anciennement dans ce Pagade, & qui passe aupres d'eux pour leur Dieu. Apres ce regale les deux Mandarins commanderent à l'Ambassadeur de se mettre à genoux, & d'incliner la teste devant le Pagode, luy disant inclinez-vous devant nostre Roy ; l'Ambassadeur refusa de le faire, & leur dit que ce n'estoit pas la coûtume en son pais de s'incliner de la sorte & de se mettre à genoux ayant le bonnet sur la teste. Ils presenterent à l'Ambassadeur du Thé boüilly avec du beurre du laict de vache, lui disant que cette boisson luy téoit envoyeé de la part du Roi: L'Ambassadeur

leur

leur dit, qu'il estoit Caresme, & que selon sa Religion il ne pouvoit pas boire.

L'Ambassadeur remarqua sous la premiere porte de la Ville de Cambalu, où il passà, trois petits Canons de fonte longs d'une aune & demie : Il en vit encore deux autres de mesme longueur un peu plus avant dans la Ville. Apres avoir marché plus de trois Wurst dans la Ville, il arriva à la maison qu'on luy avoit preparée ; elle n'avoit que deux chambres, elles estoient tendues de tapis faits de racines d'herbes.

Pendant que l'Ambassadeur fut en la Ville de Cambalu, l'on luy donnoit tous les jours par l'ordre du grand Cham, pour sa nourriture, un mouton, deux poissons, trois plats de farine, prés d'une livre de Thé, deux plats de ris, & environ une pinte d'eau de vie. Pour ses gens, ils avoient de la chair de bœuf, chacun du ris, & deux tassées d'eau de vie.

Le quatriéme Mars le Conseil envoya querir les presens du Tzaar ; l'Ambassadeur refusa de les donner, & dit que l'on n'en usoit pas ainsi dans sa Cour, que l'on n'y donnoit les Lettres ny les presens qu'au Prince mesme, au temps de l'Audiance, & que le Grand Cham ne la luy pouvoit pas refuser. Ces Envoyez répondirent, que si cette coûtume se gardoit à la Cour du Tzaar, il n'en estoit pas de mesme en celle du Cathay ; qu'un Prince ne pouvoit pas pretendre d'établir des loix dans les Etats des autres, & enfin qu'ils estoient envoyez pour apporter les presens. Le refus que l'Ambassadeur fit de les donner n'empescha pas que ces gens ne les emportassent ; ils dirent à l'Ambassadeur, que le Grand Cham lui donneroit audiance, & qu'il luy presenteroit luy-mesme la Lettre du Tzaar. Quelques jours s'estant passez, l'on vint querir l'Ambassadeur pour aller presenter la Lettre du Tzaar au Conseil, ce qu'il refusa encore ; il ajoûta, qu'il estoit envoyé au Grand Cham, & non à son Conseil.

L'on mit aprés l'Ambassadeur dans une autre maison, où il y avoit quatre chambres semblables à celles de son premier logement.

Le dixiéme l'on envoya querir par diverses fois l'Ambassadeur pour aller au Conseil presenter la Lettre du Tzaar : Il continua dans son premier refus ; que cela estoit contre son ordre, & qu'il ne s'en pourroit jamais justifier auprés du Tzaar son Maistre. Quelques jours aprés l'on rapporta à l'Ambassadeur ses presens, à cause, disoient-ils, qu'il ne s'estoit pas voulu mettre à genoux, & qu'il n'avoit pas voulu presenter au Conseil la Lettre du Tzaar : Ils ajoûterent, que non seulement les Ambassadeurs étrangers ne voyoient point l'Empereur de la Chine, mais que les Chinois mesmes ses Sujets ne le voyoient point, & qu'il n'y avoit que les principaux Seigneurs du païs qui le pûssent voir.

Je ne sçaurois dire au juste comment la Ville de Cambalu est grande, parce que l'on ne nous permit pas [k] de sortir de nostre Logis durant le sejour que nous y fismes ; je n'en sçay que ce que m'en ont dit les Mogols & les Cathayens, qui tiennent qu'elle a quarante wursts ou huit lieuës de large, & autant de long.

Les principales marchandises qui se trouvent à Cambalu sont des brocards relevez d'or & de toutes sortes de figures, comme fleurs, dragons, serpens & autres ; l'on y fait aussi des satins, des veloux, des tapis & d'autres étoffes de Soye ; L'argent, les pierreries & les perles y sont apportées du païs [l] de Karatsei, autrement nommé le vieux Cathay par ceux du païs : Il y a de Cambalu au païs de Karatsei deux mois de chemin ; ils disent qu'il est bien plus grand que le nouveau Cathay, & que l'on trouve beaucoup de fourrures de Marthes Zibelines, de Renards, de Castors & de Tygres.

Leurs maisons sont bâties de pierre & couvertes de tuiles colorées ; fort petites & fort basses, si ce n'est le Palais du Grand Cham : Il est fort élevé, spacieux, & peint de diverses couleurs, le haut du toict est doré ; ce

[l] *Nieu-hof m'a dit que l'on ne donnoit pas aux Moscovites la liberté de sortir du logis, à cause de leur mauvaise conduite.*

[m] *Peut-estre Karakatai.*

Palais eſt fermé d'une muraille de brique ; où ſont percées cinq portes qui ne s'ouvrent que tres rarement, & ſont toûjours bien gardées par des ſoldats. Il eſt fermé d'un foſſé plein d'eau, reveſtu de groſſes pierres, avec un pont auſſi de pierre à chaque porte. Proche de chacun de ces ponts eſt dreſſée une haute colonne de pierre blanche haute de ſix braſſes, ſur laquelle ſont gravez des caracteres Chinois. Il y a une grande place devant le Palais, où les courtiſans s'aſſemblent trois fois tous les mois pour faire la reverence au Prince.

Les Cathayens feſtent toutes les nouvelles lunes, & arborent ce jour-là dans les ruës plusieurs étendards & Banderolles. Ce jour-là tous les grands Seigneurs & Officiers de l'Empire viennent richement vétus dans la place qui eſt devant le Palais; où ils s'aſſiſent chacun ſelon ſon rang : Apres avoir eſté aſſis une heure ou environ, il ſort du Palais un Officier du Grand Cham, qui leur commande à tous de s'incliner vers le Palais, ce qu'ayant fait ils ſe raſſiſent, environ une heure aprés le meſme Officier revient & tous les autres s'inclinent derechef, l'Officier retourne une autre fois, ils s'inclinent pour une troiſiéme fois ; cét Officier leur donne à chacun un billet écrit qu'ils reçoivent avec grande ſoûmiſſion ; ces Seigneurs oſtent apres les habits magnifiques dont ils eſtoient parez & s'en retournent chez eux : Le Grand Cham a auſſi vingt-ſix Elephans que l'on a accoûtumez à s'incliner devant luy.

Les Cathayens affectent de mettre ſur leurs habits, ſur les toicts de leurs maiſons, leurs Pagodes, & enfin par tout des repreſentations de Serpens & de Dragons.

Leur païs produit toutes ſortes de fruits en grande abondance ; ils ont du poivre, du cloud de girofle, de la muſcade, du gingembre, du benjoim, du thé & des * Badianes. La terre y porte a ſſi de toutes ſortes de grains, il y en a meſme d'une eſpece que l'on recüeille deux fois l'année ; pour du ſeigle je n'y en vis point : Les ruës des Villes du Cathay ſont pavées de grandes pierres, & ont des deux coſtez des conduits où tombent les immondices des maiſons.

Dans le Cathay à ce que me dirent les Cathayens, il n'y a point d'autre grande riviere que celle nommée Chatul qui vient de la Bucharie & ſe perd dans la mer. Ils ajoûtent que cette riviere ne paſſe pas loin de la Ville de Cambalu, que les Hollandois remontent de la mer avec leurs vaiſſeaux cette riviere, & que ſon embouchure eſt fort dangereuſe pour les vaiſſeaux. Les gens du païs nous dirent auſſi qu'il y avoit à Cambalu un étang dont l'eau eſt rouge,

* *C'eſt un eſpece de fruit qui a eſté décrit dans la Preface.*

& que l'on y pesche du poisson qui paroist de la mesme mesme couleur, mais que la chair n'en est pas rouge. Sur le sujet du Grand Cham qui gouvernoit pour lors la Chine, ils me dirent qu'il estoit Tartare de Nation, qu'anciennement la Chine estoit gouvernée par un Roy Chinois, que depuis trente ans les Tartares avoient conquis la Chine, que Dai-Begham y regnoit lors que les Tartares s'en rendirent les maistres, qu'il se pendit de desespoir, que son petit-fils luy survecut, qu'il fut transporté par les confidens du Roy son grand-pere dans l'ancien Cathay : Le païs ainsi abandonné demeura en proye aux Tartares qui l'ont toujours gouverné depuis ; il est resté fort peu de Cathayens naturels en la Ville de Cambalu, & ceux qui y demeurent sont tenus dans un grand esclavage.

Tous les Officiers du Grand Cham sont Tartares de Nation, tous bien armez ; les armes au contraire sont défenduës aux Cathayens, sous de grandes peines.

Les Cathayens, aussi bien les hommes que les femmes, sont d'une stature & d'une beauté mediocre. Celle des femmes consiste à avoir le pied petit, elles se les forment de la sorte dés leur jeunesse ; elles portent des habits courts avec des manches fort larges, ils ont les cheveux épais. L'habit des hommes est une veste fort longue, ils la ferment par dessous le bras gauche avec deux boutons. Les habits du commun peuple sont de couleur obscure, mais les personnes de qualité en ont de diverses couleurs tres-vives. Ils se couvrent la teste d'un petit bonnet à l'extremité duquel est une houppe de soye, en esté ils ont de petits chapeaux ; les femmes Cathayennes portent leurs cheveux comme les Tartares ; les Cathayens adorent des Idoles faites de terre, de bois & d'autres matieres, les unes dorées, les autres argentées, ou peintes de diverses couleurs ; ils les gardent dans leurs Pagodes, où ils vont la nuit les adorer, & font brûler devant des chandelles de cire ou de suif ; leurs cloches dont ils ont tres peu, sont de fonte & de fer.

Ils mangent de tout indifferemment, des grenoüilles, des tortuës & des chiens, dont la chair se vend publiquement dans les boutiques.

Les Tartares sont belles, ont le pied de la grandeur ordinaire, & sont habillées de mesme que les femmes Kalmuques, leur habit traisne jusqu'à terre, les hommes y sont en general vêtus de noir ou de quelque autre couleur brune, ils ont la mesme croyance & la mesme Religion que les Cathayens.

Les grands Seigneurs quand ils marchent par les ruës se font porter un parasol, on les voit accompagnez de plusieurs valets qui ont chacun à la main un baston doré par le bout ; une centaine d'autres, plus ou moins, selon la qualité de la personne, le suivent, & quand il passe dans une ruë tous ceux qui s'y rencontrent à cheval doivent mettre pied à terre, & ne remonter que quand ils l'ont perdu de veuë.

Le bois est si rare au Cathay, qu'il en faut pour neuf ou dix sols toutes les fois que l'on veut faire cuire à manger.

Il vient en ce païs-là diverses Nations étrangeres que le traficque y attire, François, Hollandois, Espagnols, Italiens & autres, elles y ont l'exercice de leur Religion libre ; je vis mesmes dans les maisons de quelques uns de ces étrangers des Images de N. S. Jesus Christ, de la Vierge, & des Saints ; ces gens-là ont converti un grand nombre de Cathayens à la Foy Catholique ; ils sont établis dans le Cathay depuis plusieurs années, mais les Cathayens ne sçavent pourtant pas quand ils y sont entrez & d'où ils sont venus ; il y a aussi au Cathay plusieurs Persans qui y exercent librement la Loy Mahometane ; on tient qu'ils y sont entrez avec Tamerlan, comme on le voit par leurs livres.

Du temps que nous estions là, le grand Cham faisoit la [b] guerre avec le fils de l'Empereur du

[a] *Nota. Je croy que c'est plûtost Inquam, auquel les Tartares faisoient la guerre pour lors.*

Cathay,

Cathay, dernier mort ; mais nous ne pûmes sçavoir s'il gouvernoit le vieux Cathay, quelques uns en doutent.

L'année 1655 le 7. Juillet il arriva à Cambalu une Troupe de 28. Hollandois qui estoient partis, à ce que l'on nous dit, de leurs pais avec trois vaisseaux sur chacun desquels il y avoit cent personnes, l'on adjoûtoit qu'il s'en estoit perdu deux en chemin, & que des trois cens hommes qui estoient sur ces vaisseaux il ne s'en estoit sauvé que soixante & quinze, dont ces vingt-huit estoient venus en Ambassade vers le grand Cham, que les autres estoient demeurez sur le vaisseau ; l'on ne leur permit pas de sortir de leur logis pendant qu'ils furent à Cambalu ; c'est pourquoy nous ne leur pûmes parler. Ces Hollandois envoyerent à l'Ambassadeur, comme il estoit sur le point de son retour, deux lettres pour Moscou, [a] l'une cachetée, l'autre ouverte.

Enfin nous partismes de la Ville de Cambalu pour retourner en Moscovie, le quatriéme Septembre 1656. * nous allasmes d'abord à la Ville de Kapty & nous eusmes encores plus à souffrir au retour qu'en venant, parce que l'hyver approchoit & que nous trouvions fort peu de vivres & de fourrages

[a] *Nieuhoff en parle dans sa Relation de l'Ambassade des Hollandois à la Chine, qui est dans la troisiéme Partie du Recueil.*

* *l'année chez les Russes commence au mois de Septembre. Dans la Traduction Latine 7165.*

ſur les chemins ; la pluſpart de nos chameaux & de nos chevaux moururent de faim & de ſoif, ou demeurerent enſevelis dans la neige ; de ſorte que nous fumes contraints d'en achepter d'autres fort cherement. Les Catayens nous avoient marqué un autre chemin que celuy que nous avions ſuivi en venant, entre le païs des Mogols & celuy des Bucares : Enfin aprés avoir ſouffert mille incommoditez, nous arrivaſmes au païs du Prince Ablay aprés ſix mois de marche le trente-uniéme Juin de l'année 1656, & de là à la Ville de Tobol. Nous avons employé trois ans & cinq mois dans noſtre voyage.

FIN.

Extrait du Privilege du Roy.

PAR grace & Privilege du Roy, donné à Paris le huitiéme Juin 1662. Il eſt permis à GIRARD GARNIER de faire imprimer un *Recueil de diverſes Relations & Voyages curieux, contenant, &c.* en un ou pluſieurs volumes, conjointement ou ſeparément, pendant le temps de vingt années : Avec deffenſes à tous autres d'en rien imprimer, vendre ny diſtribuër ; ny aucune Carte, ny Figure, ſous quelque pretexte que ce ſoit, ſans ſon conſentement, ſous les peines portées dans ledit Privilege.

HISTOIRE NATURELLE DE L'EPHEMERE.

'EPHEMERE qu'Ariſtote a décrit, & qu'il nomme ainſi à-cauſe du peu de durée de ſa vie, commence ordinairement à paroiſtre aux emboucheures du Rhin, & ſur les eaux de la Meuſe, du VVaal & du Lech, vers la Saint Jean.

Mais quoy-que ſous cette figure d'un inſecte qui vole, ſa vie ne paſſe point quatre ou cinq heures, & qu'il meure ſur les onze heures du ſoir aprés avoir pris cette figure environ à ſix heures aprés midi ; il eſt vrai cependant qu'avant d'eſtre en eſtat de prendre cette figure, il a vécu trois ans ſous celle d'un ver qui ſe tient toûjours aux bords de l'eau, dans des trous qu'il s'y eſt creuſé dans la vaſe, qu'il augmente ſelon qu'il augmente de corſage, & qu'il creuſe plus bas lors que l'eau vient à baiſſer. En effet, ſi l'on vient à foüiller dans la vaſe vers le mois de Juin, on trouve les vers d'où viennent les Ephemeres, de differentes grandeurs, d'un, de deux & de trois poulces, ſelon la diverſité de leur âge, & auſſi de leurs eſpeces.

Il faut encores remarquer cette difference, qu'aux vers de la petite ſorte on ne voit aucune apparence d'ailes; au-lieu que dans les deux autres ſortes elles ſont remarquables: mais ſi vous les mettez les uns & les autres ſur un plan uni, leur petit corps n'y eſtant point ſoûtenu, comme il l'eſt dans leurs trous, ils ne peuvent marcher, & demeurent ſur le dos ſans ſe pouvoir remettre; au-lieu que dans leurs trous ils font toute ſorte de mouvemens.

Les Peſcheurs ſe ſervent de ces vers pour appaſter leurs hameçons; ils les attachent par la tête, qui eſt la partie de leur corps la plus forte; ils y vivent ainſi attachez juſques à deux jours, & ſont toûjours en mouvement: ce qui fait qu'ils ſont fort propres pour ſervir d'appaſt. On les peut garder quelque temps dans du ſable moüillé; car j'ai conſervé ceux de la plus grande eſpece quatre jours par ce moyen, & ceux de la plus petite en ont duré huit.

Lors que l'on a mis ſur du papier noir, & que l'on a étendu ſur ſon dos ce petit inſecte, il eſt mieux de l'ouvrir avec des ciſeaux d'une pointe fort déliée, qu'avec la lancette; il en ſort une eau , qui eſt ſon ſang, ce qui eſt de meſme dans tous les inſectes, excepté le vers de terre dont le ſang eſt rouge: & ſi l'on ſe dõne enſuite la patience de ſeparer la peau des parties qu'elle couvre, on trouve que celle de deſſous eſt fort mince & membraneuſe; & aprés l'avoir oſtée, l'on découvre les muſcles; on y diſtingue ceux qui paſsent avec leurs fibres droites d'une diviſion du corps dans l'autre; on les diſtingue d'avec les autres qui vont de travers, & encore une troiſiéme eſpece qui ſert pour le movvement des oüyes. Cette ſeconde peau a ſes fibres, & ſemble eſtre attachée aux muſcles. Il y a une petite membrane fort déliée qui tient aux muſcles : je la prens pour la membrane du ventre, qui a au deſſous d'elle la graiſſe compoſée de petites veſſies fort déliées & fort blanches, qui contiennent la veritable graiſſe de l'Animal en forme d'une huile coulante. Lors qu'on regarde ces veſſies on les prendroit pour lagraiſſe meſine, mais le Microſcope fait voir qu'elles n'en ſont que les bourſes qui la contiennent. TAB. IV.

Plus les animaux ſont jeunes, mieux on voit cette graiſſe; car elle eſt ſemée çà & là ſur leurs membranes,au contraire elles ſont ramaſſées enſemble, dans les animaux qui ſont plus avancez en âge. L'on y remarque l'œſophage comme un petit filet, qui partant du bec vient à fermer la partie ſuperieure de l'eſtomac. A l'endroit où il y est attaché, il paroist un peu plus étroit: ce qui se remarque aussi à la partie inferieure de l'estomac B, qui est composée d'une membrane fort subtile avec de petits plis ou rides en dedans, fort unie par dehors, principalement lors qu'elle est pleine de nourriture, ou qu'on y a fait entrer de l'air par le moyen d'une petite pipe de verre: les veines & les arteres ne s'y peuvent pas distinguer, à-cause que le sang qui y coule, ne s'y fait remarquer que par une couleur semblable à celle de l'eau.

L'estomac est fourni de plusieurs petits canaux qui semblent des vaisseaux pleins de sang: mais quand on les examine avec le Microscope, on trouve que ce sont des branches des poulmons ou de la Trachée artere qui se répandent dans l'estomac & dans toutes les parties interieures & exterieures de l'animal.

Les intestins marquez A sont de trois differentes structures: le graîle marqué DD: celuy qui est épais, marqué E: & le droit, marqué F.

L'on voit en l'intestin graîle des rides en forme de croissant, semblables aux valvules qu'on observe dans l'intestin épais des hommes, qu'on a appellées par cette raison *valvules annulaires*: si-bien que leurs jambes mesmes & leurs petits ongles ont de ces vaisseaux qui y portent l'air. L'intestin droit F en a aussi principalement à deux muscles, qui servent à le décharger de ses excremens.

La vase qui luy sert de nourriture, transparoist au-travers de son estomac, & de ses intestins, & de tout le reste de son corps; mais mieux encore à l'endroit du dos qu'ailleurs: De-là vient qu'il paroist à l'endroit du dos de diverses couleurs selon les differens changemens qui arrivent à la couleur de la vase, mais il n'en paroist point du-tout dans cet insecte, ni dans les mouches, dans les vers qui sont dans le bois, ni dans les vers à soye, & dans beaucoup d'autres insectes lors qu'ils se trouvent sur le point de se changer; car en ce temps ils sont tous transparens comme du verre, tellement que l'on peut voir le mouvement de leurs intestins au-travers de leur peau: Et au-lieu que les hommes & les autres animaux n'ont qu'une trachée artere, les poulmons de ces insectes sont composez de deux trachées, dont les branches s'étendent en serpentant à toutes les parties; comme la figure IV. les represente.

La structure des poulmons dans tous les insectes que j'ai connus, consiste en un nombre infini de petites parties roides & tournées en cercles en forme de petits anneaux, tellement jointes ensemble par le moyen d'une petite membrane, qu'ils peuvent aisément retenir l'air & le rapporter par toutes les parties du corps.

Ce que j'ai obſervé dans les vers à ſoye, me fait croire que lors que le ver de l'Ephemere quitte ſa peau, la peau auſſi qui couvre les poulmons, ſe change en dedans; car j'ai remarqué dans les vers à ſoye, que dans le peu de temps qu'il met à quitter ſa peau exterieure, dans le meſme temps une centeine des branches des poulmons qu'il a dans le corps, compoſez de petits anneaux, comme je les ai décrits ci-devant, ſe dépoüillent auſſi de leur peau ou membrane. Je n'avancerois point une choſe ſi incroyable, ſi je n'en avois eſté convaincu pluſieurs fois par mes propres yeux.

Je me ſuis fort tourmenté pour decouvrir dans le ver de l'Ephemere les ouvertures exterieures des poulmons; ils n'en ont point dans le goſier ni dans la bouche, comme il arrive aux autres animaux; ces branches des poulmons diminüent à-proportion de ce qu'ils approchent de la teſte. Aprés l'avoir cherché long-temps, je croi que leurs ouvertures ſont aux coſtez de la poitrine, comme je l'ai veu dans les ſauterelles, à-cauſe que dans ces animaux les ouvertures ſont plus aiſées à voir, qu'elles ne le ſont dans le ver de l'Ephemere, qui les a plus étroites à-cauſe qu'il paſſe ſa vie dans l'eau & dans la vaſe: dans les vers à ſoye il y a dix de ces ouvertures à chaque coſté, dont les deux dernieres ne ſe voyent jamais mieux que lors que les vers changent de peau;

car elles ſont marquées de petits poils noirs.

Mais ces poulmons ſe voyent entierement quelques jours aprés la mort de ces vers ; car alors le reſte des entrailles eſtant devenu noir, leurs poulmons qui ſont de couleur de perle ou d'argent, s'y remarquent aiſément : outre qu'eſtant d'une matiere dure & ferme, ils ne paroiſſent pas ſi longs que le reſte, & conſervent plus long-temps leur figure.

Leur poitrine paroiſt toute tiſsüe de petits vaiſſeaux entrecoupez : mais pour voir s'il y a de l'air dedans, il ne faut que les mettre dans une goutte d'eau, & les preſſer avec une épingle : car par-là l'air caché ſe fait auſſi-toſt connoiſtre par le mouvement qu'il fait dans l'eau. Ainſi, quand on les ouvre ſous l'eau, & qu'avec un ciſeau l'on ouvre ces poulmons, l'animal vient auſſi-toſt ſur l'eau : ce qui arrive auſſi à toutes les branches.

Il y a encore un autre moyen de voir ces poulmons. C'eſt lors que l'animal a eſté ſeché : car leurs petits vaiſſeaux les tiennent ouverts, au-lieu que les autres parties ont perdu leur figure en ſechant. L'infinité de ces vaiſſeaux qui paſſent aux yeux de cet animal, eſt tres remarquable & ſinguliere. J'avois pluſieurs autres deſſeins de ces vaiſſeaux, & de leurs oüyes, que j'ai perdus. Je ne ſçai point quel eſt l'uſage de cette partie velüe marquée *SS*, qui eſt ſous les premieres oüyes qui ne ſont point coupées. Je nè ſçai s'il y en a de pareilles en toutes les oüyes. Je ne ſçai non-plus quelle communication les oüyes ont avec les poulmons, ni celle que les poulmons ont avec le cœur marqué TT. Ainſi je ne puis rien ajoûter à ce que la figure nous repreſente, ſi ce n'eſt que je n'y ai pas repreſenté toutes les branches de la trachée artere qui vont au cœur, & que de-peur de faire quelque confuſion dans le deſſein, j'ai eſté obligé d'en couper beaucoup d'autres.

Les parties qui ſont repreſentées dans mes figures, n'ont pas toutes la meſme proportion entr'elles. J'ai crû qu'il eſtoit meſme inutile de les y réduire.

Le cœur de cet animal eſt placé comme celuy des abeilles, des chenilles, & des vers de bois, au haut du dos, comme Malpigius l'a auſſi diligemment repreſenté. Mais ſuivant mes experiences, il ne conclud pas bien de-là qu'il y a plus d'un cœur dans le ver à ſoye. Je n'ai veu le mouvement du cœur dans les femelles, que confuſément.

La moüelle de l'épine du dos eſt fort admirable dans cet inſecte, auſſi-bien que dans les autres que j'ai ouverts. Elle eſt compoſée d'onze renflemens. Le premier eſt le cerveau, d'où l'on voit ſortir les deux nerfs optiques, comme auſſi les autres nerfs qui ſe répandent dans le corps, qui ſont plus forts à l'endroit des

des muſcles qui remüent les ailes, les oüyes & les nageoires. Lors qu'on les veut bien obſerver dans leur état naturel, il faut ſoufler dans le corps de l'animal, principalement dans celuy du mâle ; car étant enflé de la ſorte, on les voit au-travers de ſa peau.

Clutius prend pour leurs nageoires ce que je nomme leurs oüyes ; mais il ſe trompe. La moüelle du dos reçoit des branches de l'artere des poulmons, qui portent auſſi au cerveau & aux nerfs un continuel rafraîchiſſement. Je ne doute point que la moüelle ne reçoive auſſi des veines & des arteres ; car j'ai veu clairement dans le ver à ſoye de petits vaiſſeaux & de petites veines qui partoient du cœur, qui eſtoient enduites d'une humidité colorée, ſans pouvoir juger ſi c'eſtoient des veines ou des arteres.

Les parties de la generation ſont auſſi aiſées à voir dans le ver de l'Ephemere mâle, la veille du jour qu'il doit changer, qu'aprés qu'il a déja changé. Elles reſſemblent à la laite des poiſſons, les taupes & les couleuvres ont ces parties de meſme. Elles ſont pleines d'une humidité laiteuſe, qui eſt la ſemence de l'animal, & reçoivent beaucoup de branches de l'artere des poulmons.

Dans la derniere capacité du ventre il y a encore deux autres parties qui ſemblent dépendre des vaiſſeaux ſpermatiques avec leſquels elles ont une ouverture comme un *e*: mais je n'ai pû m'en éclaircir tout-à-fait, à-cause que les ſujets me manquoient pour le faire.

Le changement de ce ver qui eſt dans l'eau, en Ephemere qui vole, eſt ſi ſubit qu'on n'a pas le temps de le remarquer. Si on prend le ver dans l'eau, on ne ſçauroit deſſerrer la main ſi promtement, que le changement n'en ſoit fait; à moins que d'y preſſer un peu le ver à l'endroit de la poitrine; car par ce moyen on le peut tirer de l'eau avant qu'il ſoit changé. Mais comment peut-on s'imaginer le dépliſſement de ſes ailes? L'Ephemere n'a point de muſcles ni de ces tendons au milieu, qui les pliſſent & dépliſſent, comme nous les avons remarquez en d'autres inſectes, & dans le Perce-oreille, qui couvre des ailes fort longues dans un petit étuy, où elles ſont ſi artiſtement pliſſées, qu'on ne connoiſt pas qu'il y en ait. Le Perce-oreille par le moyen des muſcles & des tendons qui ſont placez au milieu de ſes ailes, les replie en un moment, & les étend de-meſme. J'avois crû que cela ſe paſſoit de la meſme façon dans l'Ephemere: maintenant je croi pluſtoſt, que c'eſt le ſang, avec le ſecours de l'air, qui eſt le principal reſſort de ce changement. Auſſi l'on y voit beaucoup de petits rameaux de la trachée artere par où l'air paſſe dans les ailes. L'effet de l'air eſt principalement de roidir les ailes, & d'en faire ſortir l'humidité: en effet, quand on coupe les ailes de l'Ephemere qui eſt ſur le point de changer, & qu'on les met dans un verre d'eau, peu de temps aprés elles ſe trouvent tout étenduës. ſans qu'il leur manque autre choſe que la fermeté. J'ai pluſieurs fois fait cette obſervation, & j'ai appris par-là la maniere dont les ailes s'étendent.

Je remarquois dans l'eau, que les gros plis s'en-alloient les premiers, & que par-là l'aile ſe trouvoit dans ſa longueur naturelle: que les plis qui ſont ſelon toute la longueur de l'aile ſe déployent aprés, comme on le peut voir dans la Tab. VI. qui a eſté faite aprés nature. L'autre figure qui marque les ailes pliées, a eſté faite avec un Microſcope.

Il y a d'autres inſectes dont les ailes ſe déployent d'une autre maniere; car elles ſont renfermées dans leurs étuis, & froncées de tout ſens: c'eſt par cette raiſon auſſi qu'elles mettent plus de temps à ſe déployer.

Les Papillons ont les ailes encore autrement faites; on n'y voit point de plis, ni de tendons, ni de muſcles; elles ſont couvertes d'une infinité de petites plumes couchées les unes ſur les autres, & qui ſe dégagent ſi admirablement lors que les ailes s'étendent, que ce ſeroit la matiere d'en écrire un Livre entier. On peut dire avec verité, que l'entendement & la raiſon comprennent mieux, & touchent (pour ainſi dire) mieux Dieu dans ſes ouvrages, que nous ne touchons les choſes materielles de nos mains, & que toutes ces manieres ſont auſſi incomprehenſibles que l'ouvrier qui les a trouvées.

L'Ephemere aprés eſtre ſorti de l'eau, comme nous venons de dire, cherche un lieu où il ſe puiſſe mettre, & ſe dévétir d'une fine membrane ou voile qui le couvre tout entier. Ce ſecond changement ſe paſſe dans l'air: mais le premier changement qui s'eſt fait ſous l'eau, le défigure bien davantage; car l'Ephemere y perd ſes oüyes, ſi-bien qu'il n'en reſte que quelques petites marques ou points au deſſous. L'Ephemere perd auſſi dans ce changement ſes petites nageoires, ſes dents ou mâchoires, la forme de ſes jambes, l'étuy de ſes ailes, & ſes queuës: tellement qu'aprés ce changement il n'eſt pas reconnoiſſable. Il eſt impoſſible de l'obſerver, à-cauſe de la viſteſſe avec laquelle la choſe ſe paſſe lors qu'elle ſe fait: on le peut bien obſerver en le diſſecant un moment avant que le changement ſe faſſe, ou en regardant avec ſoin cette petite peau, où l'on trouve les oüyes qui y ſont demeurées; l'on y voit & les points & les petits trous où eſtoient les oüyes; les nerfs & les veines s'en détachent, comme un fruit meur tombe de ſon arbre.

Quoy-que la pluſpart des parties de l'Ephemere deviennent plus longues dans ce premier changement, ſes cornes ſont néanmoins plus petites qu'elles n'estoient dans le ver. Le changement qui arrive aux yeux, est aussi fort considerable : dans le ver ils estoient couverts d'une petite membrane unie & étenduë comme un Talc ; & aprés ce dépoüillement ils sont composez de plusieurs yeux qui font comme un petit rézeüil, les deux queües viennent une fois aussi longues, & la queüe du milieu disparoist tout-à-fait.

J'ai trouvé jusques à six & sept mille de ces yeux dans de semblables insectes, dans d'autres je les ai trouvé semez par tout le corps, comme dans les araignées & dans les scorpions : mais il ne faut pas s'imaginer que ces yeux soient de la mesme structure que ceux des hommes, ou des autres animaux. Vous n'y voyez point d'humeurs, ce sont de petits filets terminez par un hexagone, qui de l'autre bout viennent à aboutir au cerveau. Ainsi leur vision se doit faire autrement que la nostre : aux hommes c'est la réünion des rayons visuels au fond de l'œil, qui la fait ; & dans les insectes, ces petits filets nerveux estant touchez diversement par la lumiere, en transmettent le sentiment au cerveau, comme je l'ai amplement décrit dans mon livre des Abeilles.

Le second changement suit de fort prés le premier, & se passe de la sorte. L'Ephemere s'arreste avec la pointe de ses petits ongles le plus ferme qu'il peut ; il luy prend un mouvement ſemblable à celuy du friſſon ; auſſi-toſt la peau qu'il a ſur le milieu du dos s'éclate ; il tire aprés ſes petites jambes, la pointe de ſes ongles demeurant toûjours en meſme état, & attachée à la peau qu'il a quittée. Les ailes ſe défont de leurs étuis, comme nous tirons nos gands quelquefois en les renverſant ; & il arrive que ce renverſement de peau n'eſtant qu'à demi-fait, l'Ephemere demeure comme pris, & ſans qu'on luy remarque aucun mouvement. FIG. VII.

Les queuës en deviennent un tiers plus longues qu'elles n'eſtoient dans le premier changement ; tellement que la queuë & les jambes qui dans le premier changement eſtoient venuës un tiers plus longues, croiſſent encore dans celui-ci d'un autre tiers : Mais à-cauſe que la queuë eſt compoſée de petits anneaux, ſon dépoüillement eſt plus remarquable que celui des jambes.

On peut remarquer que les poils de la queuë, qui eſtoient unis dans le ver, ſont ſeparez les uns des autres, & ſont devenus encore plus déliez dans l'Ephemere qui en eſt ſorti.

Aprés ce changement, l'Ephemere ſe met à voler de tous ſens : il ſe tient quelquefois ſur l'eau tout droit ſur ſa queuë, en frapant ſes ailes les unes contre les autres ; car ſa queuë qui eſt creuſe & pleine de petits poils, le ſoûtient aiſement ſur l'eau, comme il arrive à beaucoup d'autres animaux qui demeurent long-temps ſur la ſurface de l'eau avec un pareil ſecours, & nommément à ces vers d'où viennent les groſſes mouches, & aux vers des vaches. Cet air ne demeure pas toûjours attaché aux queües de l'Ephemere. Lors qu'il en eſt ſorti, ou qu'on les a fait ſecher, en le preſſant avec une épingle, ces petits poils ſe réuniſſent enſemble.

Il y a encore une autre raiſon qui les ſoûtient ſur l'eau: c'eſt qu'ils ont une petite veſſie pleine d'air dans le corps: car je ne voudrois pas aſſurer que leur eſtomac fut plein d'air.

Le mâle change deux fois; & pour la femelle, je ne l'ai veu changer qu'une fois: de-là vient peut-eſtre que la queüe de la femelle eſt d'un tiers plus courte que celle du mâle; mais il a les yeux deux fois plus gros qu'elle, la couleur de ſon corps plus tirant ſur le rouge, & il a quatre appendices à ſes queües, que l'on ne voit point dans la femelle, qui a plus de corps que le mâle: ce qui eſt commun à tous les inſectes.

Il ne ſe fait point d'accouplement entre les Ephemeres: la femelle jette ſes œufs, que le mâle rend feconds en les couvrant de ſa ſemence.

On ne peut pas dire qu'ils s'accouplent lors qu'ils ſont vers; ils n'ont point le mouvement libre dans l'eau, s'ils ne ſont dans leurs petits trous ; & je ne ſçai point d'inſecte qui s'accouple avant ſon dernier changement. Je n'ai point veu que ceux-ci s'accouplaſſent dans l'air, comme les Hannetons le font.

La multiplication des Ephemeres eſt admirable ; mais celle des Limaçons l'eſt encore davantage. Ils ſont tous mâles & femelles. Je doute qu'il y ait des hermaphrodites parmi les hommes : je ſçai que parmi les Abeilles il y a des mâles & des femelles, & une troiſiéme eſpece, qui n'eſt ni mâle ni femelle : car ce qu'on appelle le Roy eſt la femelle : & l'Abeille ordinaire n'eſt ni mâle ni femelle.

Il en eſt de-meſme des Fourmis ; & tous ces animaux qui ne changent point de place, ou qui vivent dans des écailles, doivent avoir une maniere particuliere de ſe multiplier : ce qui doit s'étendre auſſi juſques aux arbres & aux plantes.

L'Ephemere ne prend aucune nourriture dans les cinq ou ſix heures qui bornent le cours de ſa vie. Il ſemble qu'il n'ait eſté fait que pour ſe multiplier ; car lors qu'il eſt en eſtat de faire des œufs, ou de jetter ſa ſemence, il change ſa figure de ver, & il meurt auſſi-toſt qu'il les a jettez.

Le meſme arrive aux Papillons des vers à ſoye. La choſe ſe paſſe autrement aux Fourmis & aux Abeilles, dont la femelle, qu'on appelle le Roi, jette environ ſix mille œufs en un an : Il y a une eſpece entre les Fourmis & les Abeilles uniquement occupée à élever les enfans de leur Republique : les maſles au contraire qui ne ſont point chargez de ce ſoin, meurent fort peu de temps aprés qu'ils ont jetté leur ſemences ; & ceux qui ne meurent pas de leur mort naturelle, ſont mis en pieces par les autres Abeilles.

En trois jours de tems on voit paroiſtre, comme j'ai dit, & mourir toute l'eſpece des Ephemeres : ils durent quelquefois juſques au cinquiéme jour, par la raiſon de quelque changement ou maladie qui eſt arrivée à quelques-uns de leur eſpece, qui les a empeſchez de ſe changer au meſme temps que les autres. Et comme ils ne changent pas toûjours la veille de Saint Jean, mais quelquefois meſme quatorze ou quinze jours pluſtoſt ou plus tard, rien ne m'empeſche de croire qu'il ne puiſſe y avoir cette difference de temps entre les premiers-venus & les derniers. Les autres inſectes ont de-meſme un temps marqué pour leur changement, qu'il eſt impoſſible de retarder. J'ai éprouvé pluſieurs fois qu'ils mouroient pluſtoſt que de manquer à le faire ; & ces contraintes que je leur ai fait ſouffrir pour ces experiences, m'ont appris beaucoup de choſes touchant l'anatomie & la maniere dont leurs parties ſe plient & ſe dépliſsent.

Quoi-qu'il ait paſſé juſques ici pour conſtant qu'il y a des animaux qui viennent de la corruption, il faut dire néanmoins que les experiences de ce siecle nous ont appris qu'ils ont tous une mesme origine, & qu'ils viennent de leurs œufs. La femelle de l'Ephemere, aprés estre sortie de l'eau, s'estre dépoüillée, & avoir volé quelque temps, jette ses œufs sur l'eau, qui ne se peuvent voir distinctement qu'avec l'aide d'un Microscope sur du papier noir ou bleu. Quand le masle les a moüillez de sa semence, ils descendent au fond de l'eau. Je n'entreprendrai point de dire combien de tems ils mettent à s'éclore: je n'ai pas fait l'experience d'en amasser beaucoup, & d'en mettre dans de l'eau & de la vaze pour m'en éclaircir: Je sçai seulement que si l'on foüille quelque temps aprés dans la vaze, on y trouve de ces vers de differentes grandeurs, que j'ai décrit ci-devant, & qu'aussi-tost qu'ils sont sortis de leurs œufs, ils se mettent à travailler & à creuser leur maisons, toûjours au bord de l'eau, & ensorte toutefois qu'ils ne soient pas éloignez de sa surface, & qu'ils puissent respirer & remplir d'air cette grande quantité de poulmons, ou de branches de trachée artere qu'on voit en les dissecant. En effet, j'ai remarqué lors que je les ai tenus dans de l'eau & du sable, qu'ils se tenoient plus volontiers prés de la surface de l'eau, qu'au fond du sable: mais il ne faut pas que j'oublie à ce propos ce que j'ai remarqué sur les vers qui se mettent dans les habits. J'ai trouvé qu'ils font leurs maisons des mesmes matieres dont ils se nourrissent ; qu'ils portent ces maisons par-tout comme des limaçons ou des tortuës ; qu'ainsi leurs logemens sont tapissés d'autant de matieres & de couleurs, qu'ils ont rongé de differentes étoffes ; que leurs excremens sont de mesme: Aussi dans les excremens des insectes l'on trouve de toutes les herbes dont ils se nourrissent ; & quand il a plû quelque temps, ces excremens font des taches sur le linge, qu'il n'est pas aisé d'oster. Cela arrive aussi dans les boëtes des Apoticaires & des Herboristes ; & l'on prend souvent ces excremens pour les graines des herbes que ces insectes ont rongées.

L'on peut tirer quelque usage de cette observation pour la connoissance des couleurs, & pour nous delivrer des incommoditez de quelques animaux qui nous donnent de la peine ; les Taupes, par exemple, qui gastent tant les prez & les jardins, se nourrissent de vers de terre, comme on le voit dans leur estomac. Si avec de ces vers hachez vous meslez de l'arsenic & du sang de Taupe, qui se tire aisément, en leur donnant un coup sur le museau, vous les faites mourir.

Dans le temps que je travaillois à cette Histoire, j'ai observé diverses especes d'Ephemeres ; mais je n'ai point trouvé celle dont Hofenagel nous a laissé le dessein. J'en ai trouvé une espece fort petite sur la fin de l'Esté de l'année 1670. prés du village de Slôte, hors les portes d'Amsterdam : je trouvay les champs couverts d'une infinité de ces petits Ephemeres qui laissoient leur peau sur mon habit, & voloient ensuite vers l'eau. Je croi que le ver de cette petite espece ne fait pas sa demeure dans des trous & dans la vaze, mais dans des fonds de sable ou de pierre: aussi a-t-il la peau plus dure que les autres, & qui approche de la dureté de celles des Crevettes: & quand vers le milieu de l'Esté on tire des bords du Rhin ou du Lech quelque pierre, on y trouve beaucoup de ces petits vers, comme j'en ai trouvé aussi sur les bords de la Loire & de la Seine, & d'autres rivieres de France. Je peux faire voir en un moment dans mon cabinet tout ce que j'ai rapporté ici de ces vers, & de l'Ephemere qui en vient.

Ceux qui compareront cette histoire de l'Ephemere de Monsieur Sirammerdam avec celle qu'en ont fait Aldrovandus, Jonston, & Clutius, trouveront que l'on apprend plus en étudiant la nature, qu'en passant sa vie sur les livres. Clutius, par exemple, nous donne l'Ephemere décrit par Dortmannus sur la memoire qui luy en estoit demeurée: Goudart en donne la copie sur ce qu'il en a trouvé dans Clutius, & confesse qu'il n'en a jamais veu. Nostre Academicien au contraire en rapporte plus d'observation luy seul que tous les autres, & suivant les maximes de sa Compagnie ne rapporte gueres que ce qu'il a observé.

FIN.

TABLE IV. FIG. I. L'EPHEMERE.

Fig. II. Le ver qui ſe change en Ephemere.

TABLE II.

FIGURE I.

A *Le mâle qui a les yeux deux fois plus gros que la femelle.*

B *Ses petites cornes avec leurs articulations.*

C *Les machoires dures comme des dents, avec lesquelles ils foüillent & creusent dans la terre.*

D *Ses pattes.*

E *Les boutons ou petits étuis où sont enfermées ses aîles.*

F *Ses ouyes qui sont comme de petits muscles & fourées d'une infinité de petits poils, toûjours en mouvement, & qui servent à rafraîchir le sang, comme les ouyes des poissons.*

G *Ses trois petites queües velües avec leurs appendices.*

FIGURE II.

Les trous que le Ver de l'Ephemere se fait dans le vase, où il se cache & se nourit, les uns plus grands, les autres plus petits, & plus ou moins creux, selon que l'eau monte ou baisse.

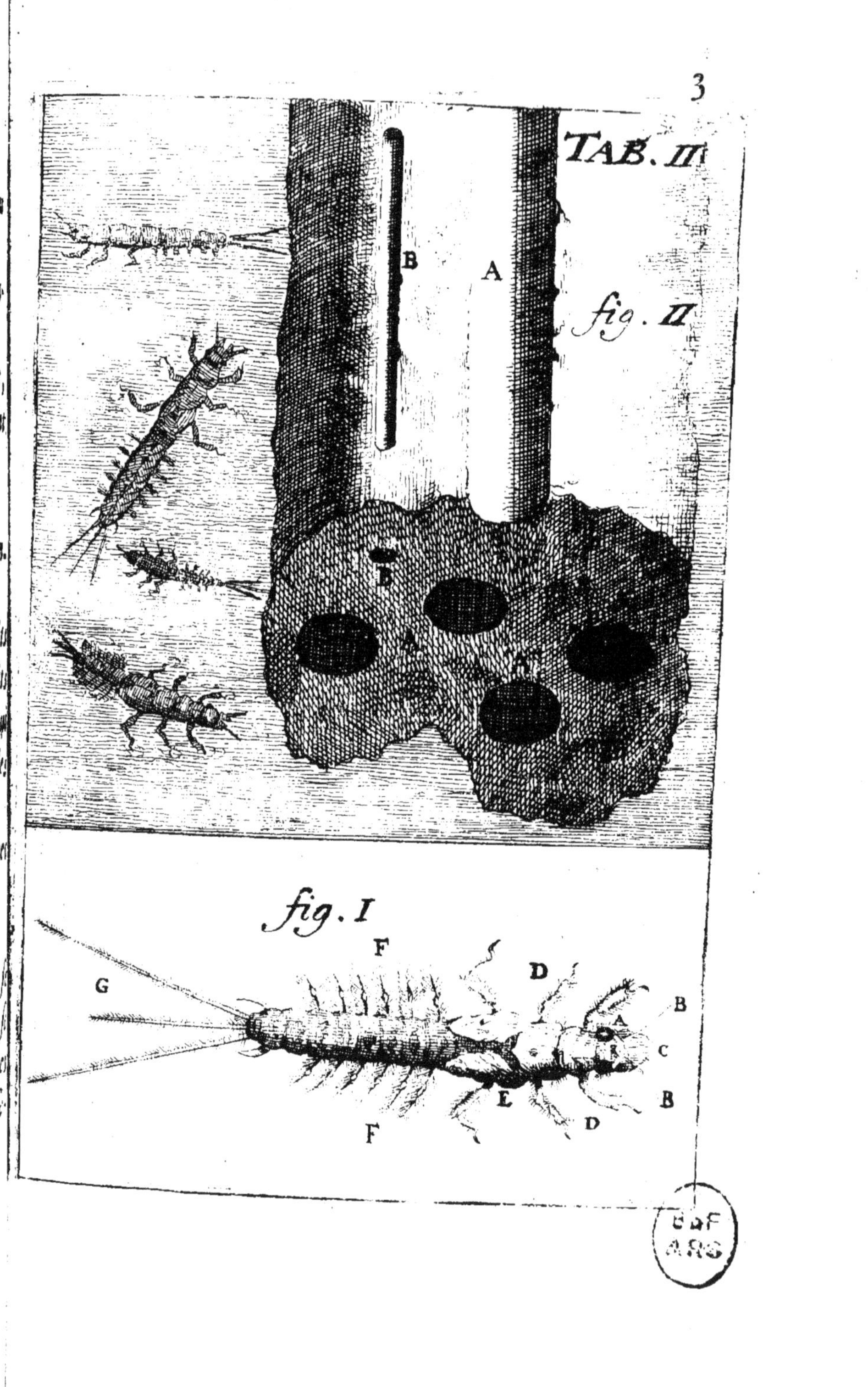
TAB. III
fig. II
B
A
fig. I
F
D
G
B
A
C
E
B
D
F

4

TAB. VI

fig. I

fig. III

fig. II

fig. IV

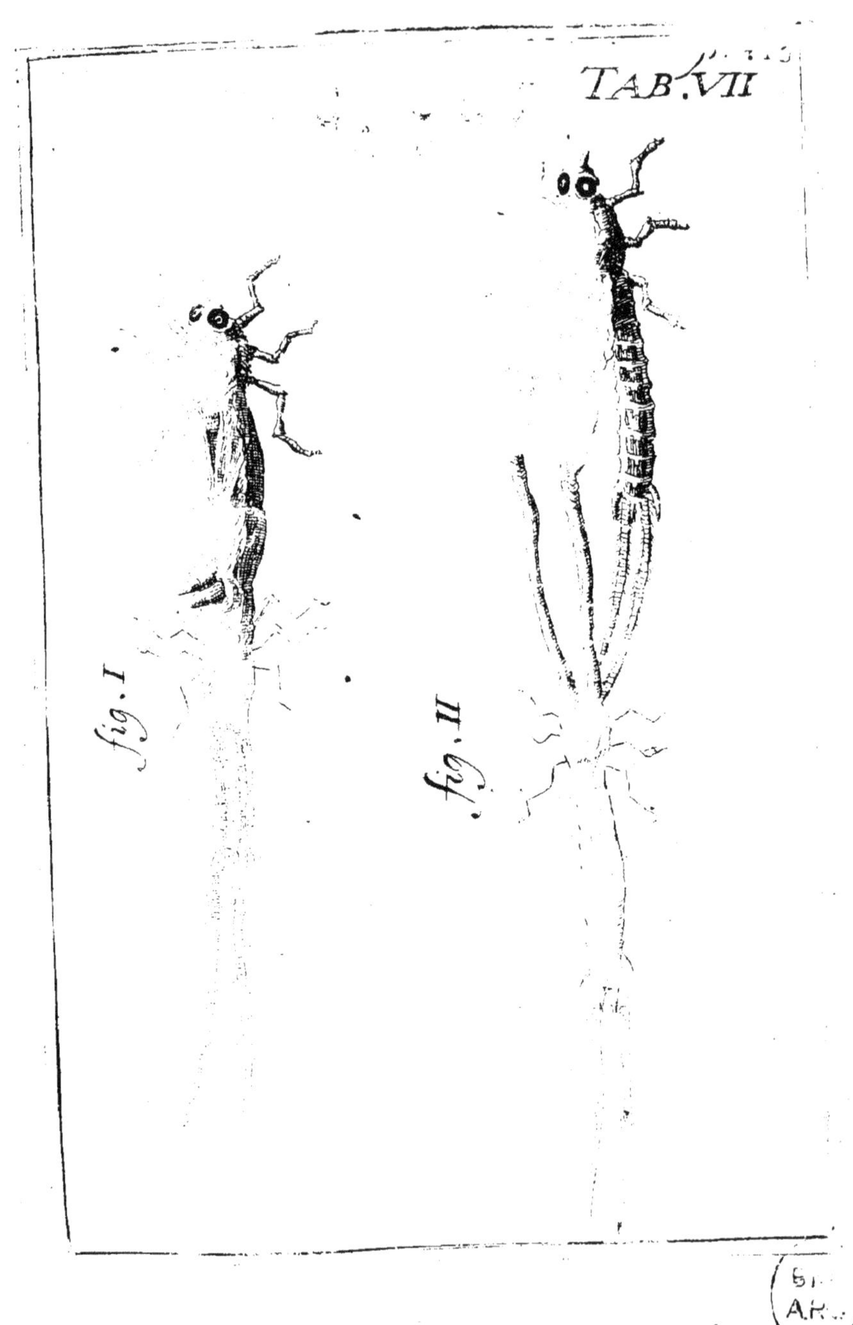
TAB. VII
fig. I
fig. II

TABLE VI.

Comme ses longues aîles, qui estoient renfermées dans des étuis fort petits, se déplissent dans le premier changement, & s'étendent en longueur & en largeur, Fig. II, III, & IV. dans la Table III. elles sont representées comme elles sont dans les étuis.

TABLE VII.

FIGURE I.

Comment l'Ephemere fait son second changement; ce qui se passe plus lentement que l'autre qu'il a fait auparavant dans l'eau.

FIGURE II.

Le mâle qui tient encore à sa seconde peau, dont il ne s'est pas tout à fait dépouillé.

fig. II TAB. VIII

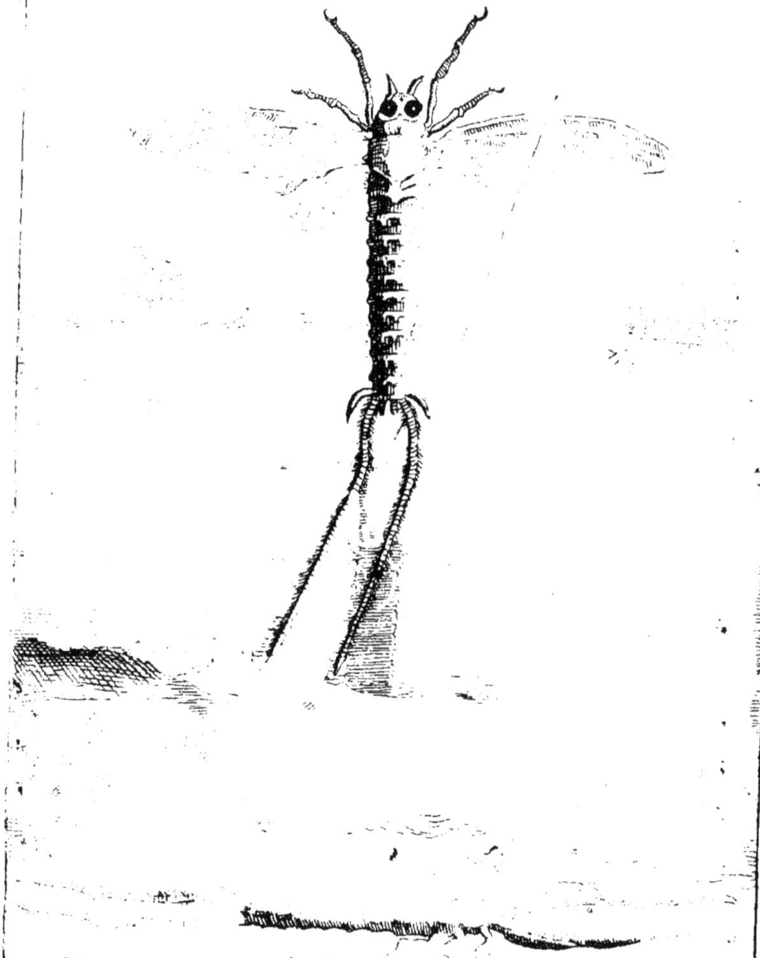

FIG. I. La dépouille que l'Ephemere a quittée dans le changement qu'il a fait aprés estre sorti de l'eau.

fig. I

TABLE III.

A *Les poumons de l'Ephemere, ou plûtôt deux trachées arteres composées d'une infinité de petits anneaux roides & tournés en spirale, qui descendent en serpentant le long de ses costés, aussi bien dans le Ver, que dans l'Ephemere, & qui portent l'air à toutes les autres parties de l'animal.*

BB *Branches qui partent des troncs A A qui portent l'air au cerveau & aux nerfs.*

CC *Autres branches qui vont aux muscles de la poitrine ;*

EE *Celles qui vont à la moüelle de l'épine du dos ;*

FF *Celles qui vont aux parties spermatiques du mâle, l'un de ces vaisseaux, est representé dans sa situation & grandeur naturelle, l'on a depeint plus grand que le naturel, celuy qui n'est pas dans sa situation.*

G *Celles qui vont aux oüyes de l'animal, la figure n'en represente que deux, les dix autres sont coupées pour laisser* voir les dix nageoires de dessous R R.

Celles qui portent l'air à la graisse, aux membranes & à la peau de l'Ephemere K K III

Les nerfs semblables à de petites veines d'argent. GG

Autres nerfs de mesme couleur, qui vont aux oüyes r r de l'animal. P P

La partie du milieu de ces canaux d'air qui paroissent noirs en cet endroit, & blancs, & transparens dans le reste. QQ

Les cinq nageoires de ce côté qui sont fourées de petits poils d'un jaune foncé & doré. R R

Une petite plume composée de differens poils sous la premiere partie des ouïes ; je ne sçay si cette partie se rencontre sous les autres ouyes. S S

La moüelle d'où partent les nerfs, qui sont répandus dans tout le corps, & qui luy donnent le sentiment & le movement. YY

Endroits où la moüelle est soûtenüe en sa place par des ligamens.

Les nerfs optiques qui partent du cerveau, ou du commencement de la moüelle du dos, à l'endroit où cette mouelle com- ZZ *mence à paroiſtre en forme de bouton.*

aa *Les muſcles de la poitrine qui remüent les jambes , dans leſquelles on void des nerfs qui viennent de la moüelle du dos.*

b b *Autres muſcles qui remüent les aîles avec de pareils nerfs qui viennent de la moüelle de l'épine du dos:*

d d *Deux petites parties que je juge être les deux vaiſſeaux ſpermatiques du mâle ſans toutefois l'aſſeurer.*

e *L'inteſtin droit.*

L'Artificieuſe maniere dont ſont ployées les ailes ; lorſqu'elles ſont enfermées dans leur petit étuy ; cet artifice ne paroiſt que dans le temps que l'animal fait ſon changement.

FIG. II.

Toutes les parties que nous venons de décrire, ſont repreſentées dans cette figure dans leur grandeur naturelle.

TABLE IV.

FIGURE I, II, IV, VII.

L L *Branches de la trachée artere quipaſ-*

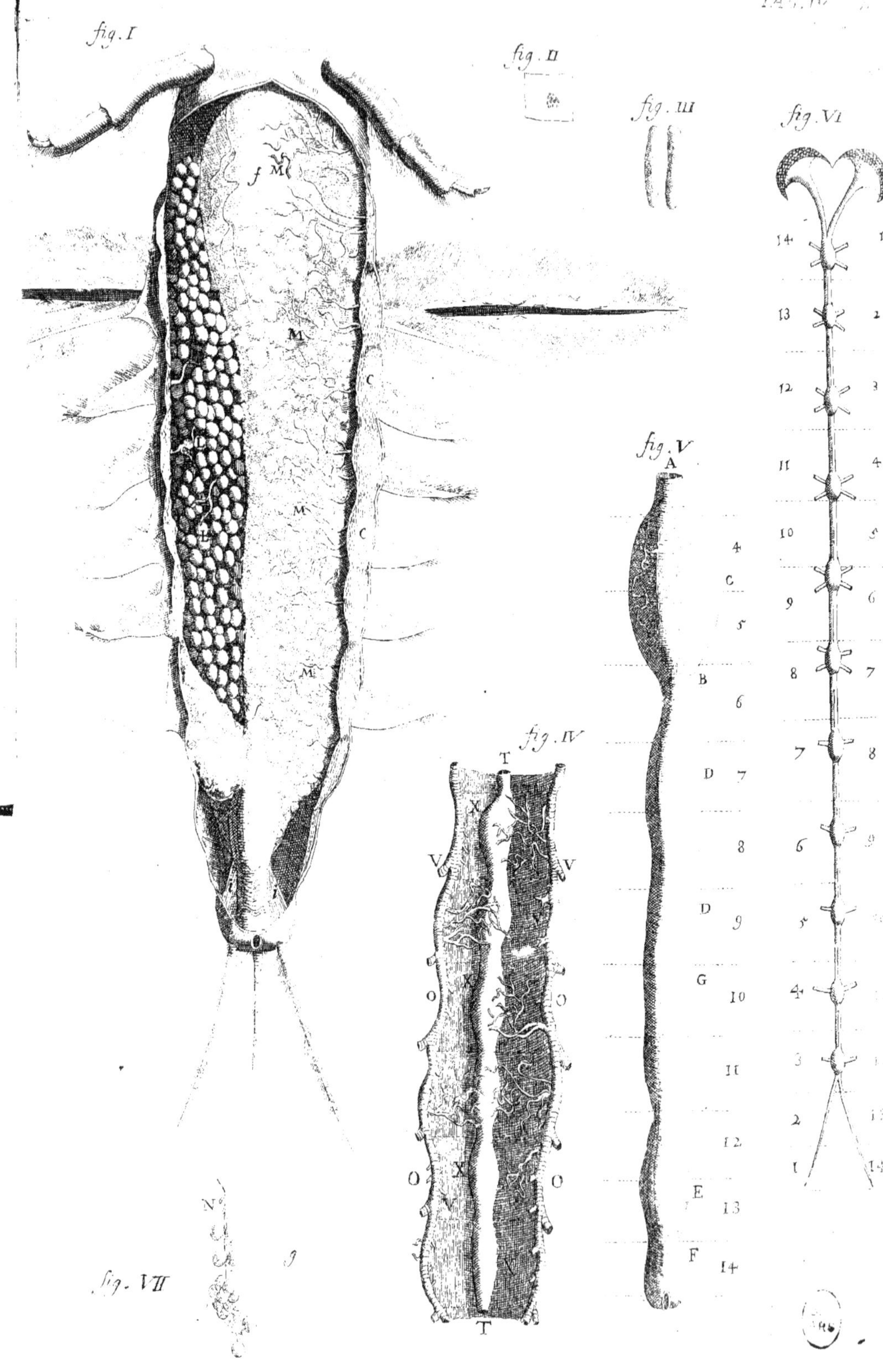
TAB. IV
fig. I
fig. II
fig. III
fig. VI
fig. V
fig. IV
fig. VII

sent à l'ovarium ou aux œufs, que l'on voit au travers de la membrane, qui enferme les œufs.

Ces mêmes branches avec les œufs fig. VII. en forme de grappe de raisin. NN

Celles qui vont au cœur, dont je n'en ay mis que fort peu pour eviter la confusion. OO

Partie du cœur qui s'étend tout le long du dos. TT

Les endroits où le cœur est le plus gonflé. XX

Les muscles qui remüent les six ouyes & les cinq nageoires, qui sont à chaque costé de l'animal. CC

Les œufs, la fig. II. les represente, comme on les voit sans microscope. g

Les muscles de l'intestin droit, qui servent à l'excretion des excremens. II

FIG. V.

Partie de l'œsophage ou conduit par où la nourriture passe dans l'estomach. A

La bouche ou ouverture inferieure de l'estomach, par où la nourriture se décharge dans les intestins. B B

L'estomach où l'on void quelques petites brnches ou parties de la trachée ar- C *tere, comme elles sont marquées dans la premiere figure de la sixiéme Table.*

D *L'intestin graîle qui est comme un épanchement ou continuation de l'estomach, qui s'étrecit à mesure qu'il descend.*

E *L'intestin épais, où l'on voit de longues lignes au dedans & au travers de la membrane qui le compose.*

F *L'Intestin droit avec ses rides.*

G *Valvules en forme de croissant qui paroissent au dedans de l'intestin graîlé.*

FIG. VI.

Le cerveau, la moüelle du dos, & les nerfs qui en sortent.

FIGURE III.

L'uterus double ou œufs de l'Ephemere qui flottent sur la surface de l'eau, & que le mâle couvre de sa semence: car entre ces animaux, l'espece se multiplie sans aucun accouplement.

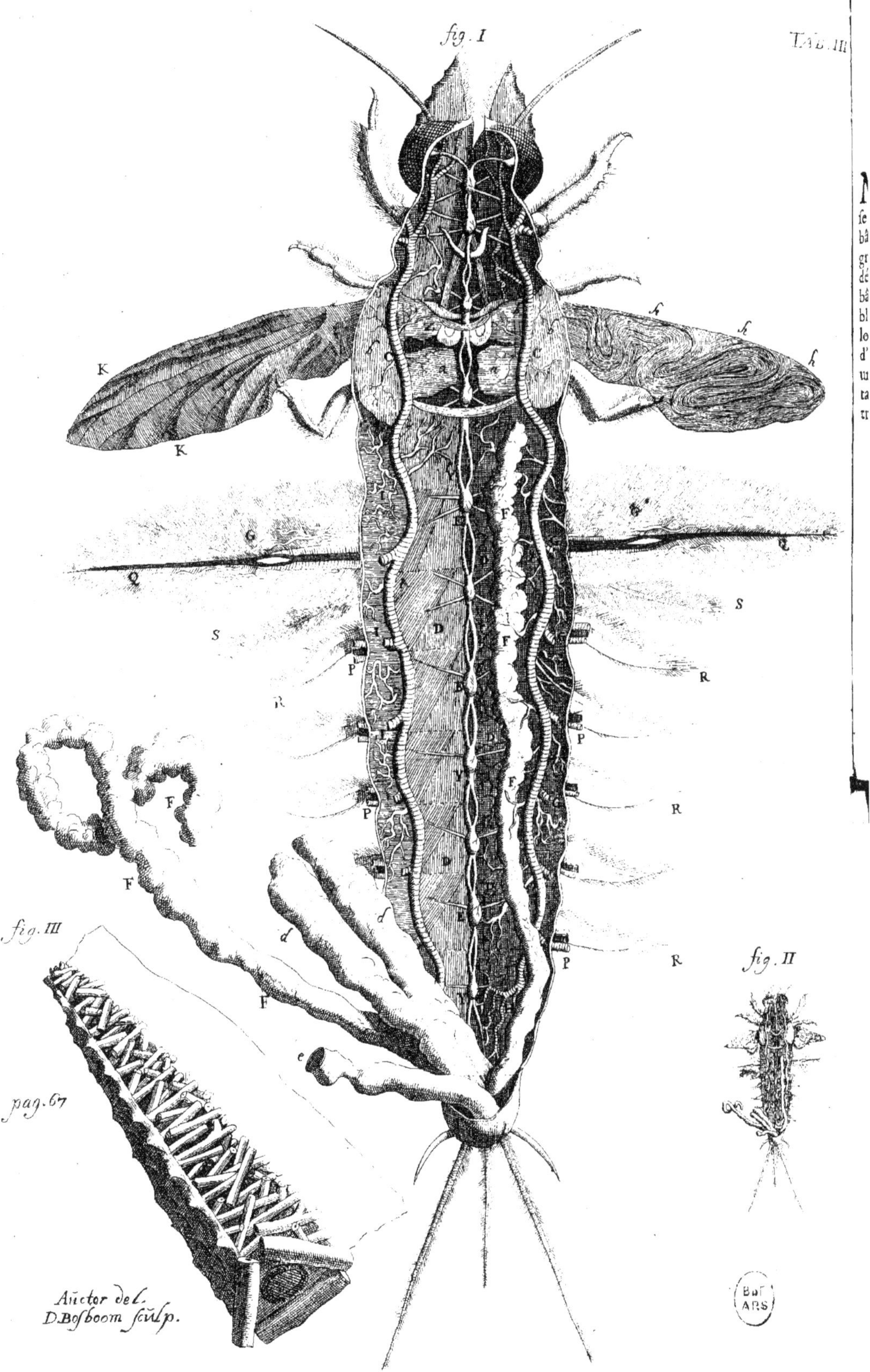
TAB. III
fig. I
fig. II
fig. III
pag. 67
Auctor del.
D.Bosboom sculp.

TABLE III.

FIGURE III.

MAISON d'une Chenille que j'insere icy à cause qu'elle m'a parû merveilleuse : elle est bâtie d'un grand nombre de petits bâtons longs, presque tous semblables en grandeur, joints ensemble avec une colle fort déliée. Les trois premiers rangs de ces petits bâtons, qui font le fondement de cet admirable edifice, sont deux fois plus gros & plus longs que les autres. Il est couvert par tout d'un tissu épais & inimitable, semblable à une forte toile de lin ; par dedans, il est tapissé ou enduit d'un duvet, d'une façon tres-singuliere.

HISTOIRE NATURELLE
DU CANCELLUS,
OU BERNARD L'HERMITE,
Representée par Figures.

TABLE I.

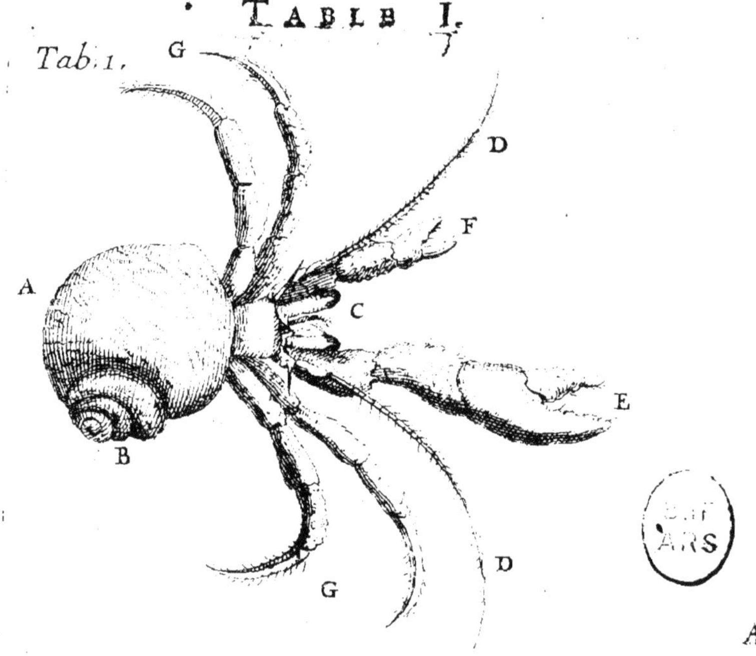

LE Cancellus avec sa coquille.

Les plus grandes coquilles sont de la grosseur d'une chastaigne, & les moindres ne passent pas celle d'un pois, mais toutes ordinairement d'une même figure, les plus grosses de celles que nôtre amy Monsieur Nieurode m'a envoyées estoient couvertes d'une mousse de mer qui estoit crûë dessus. Il y en avoit de petites polies comme une glace & plus entieres que les autres, qui se trouvent souvent rongées par quelque espece de ver. Ce que l'on appelle coquille dans les animaux de ce genre, est à proprement parler leur peau. Rondelet qui la décrit, nous a voulu faire croire que ce poisson qu'il appelle Bernard-l'Hermite, se loge toûjours dans les coquilles d'autruy, & qu'il n'en a point de propres, comme Aristote l'avoit avancé : mais ils n'ont pas vû que le poisson tient à sa coquille à l'endroit du second tour de sa spirale, par des tendons qui durcissent comme ceux des pieds des poulles, ces tendons ne tiennent à la coquille qu'en un point, s'en détachent aisement, & l'on voit le jour au travers, lorsqu'ils y sont attachés ; ce qui a donné sujet à l'erreur d'Aristote & de Rondelet, la coquille du Cancellus est la veritable peau de l'animal qui croît avec luy à mesure qu'il augmente corsage, ce qui arrive aussi aux limaçons, à ceux-mêmes qui se trouvent si souvent dans les vignobles aux environs de Paris.

Cette coquille *A* est couverte d'une periost ou membrane, si déliée que l'on ne l'en peut separer qu'en mettant durant quelques jours la coquille tremper dans une lessive : car si on la frotte aprés avec un peu d'eau forte, ce periost ou membrane s'en separe aisément ; il y a des coquilles où elle est assez visible, sans que l'on se serve de cette diligence.

A Les cinq cercles ou tours de la spirale.

B Ses yeux.

C Ses petites antennes ou cornes avec des poils.

Le bras droit avec ses pinces. E

Le bras gauche qui est le plus petit. F

Les quatre pieds anterieurs. G

TABLE II.

Le Cancellus hors de sa coquille.

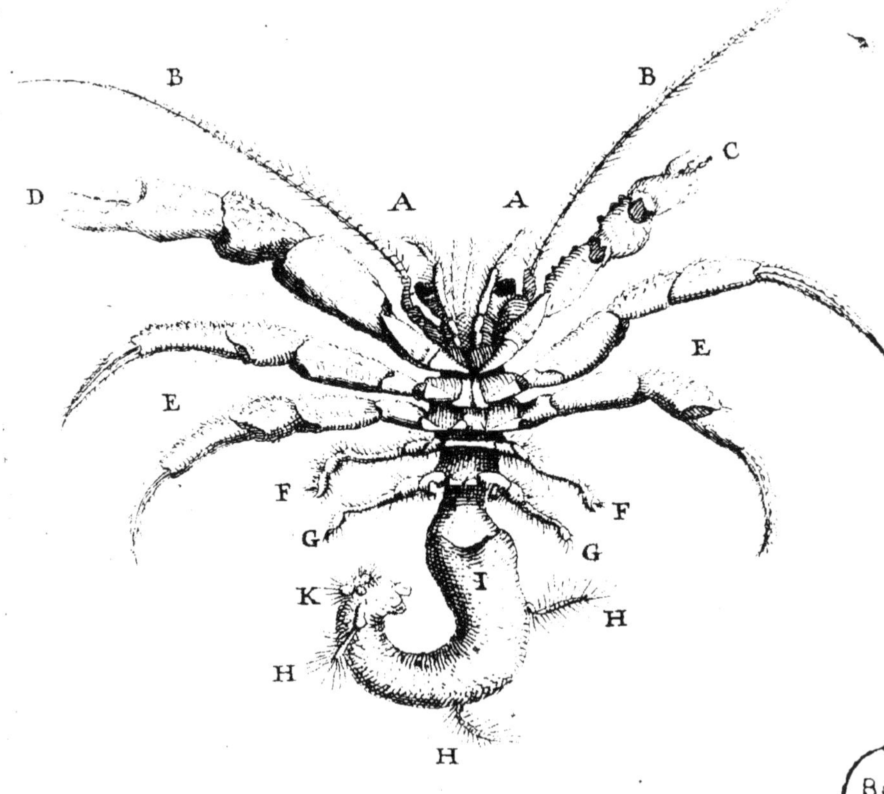

SEs yeux rouges, & à leur extremité d'une couleur de verd-brun, ils sont inserez à la teste par un petit anneau de même substance que le reste de la coquille. La partie inferieure de AA l'œil eſt fort dure, la ſuperieure au contraire eſt tout à fait tendre.

B B Ses cornes dont la figure ne vous repreſente pas mal l'artifice.

C Le bras gauche.

D Le bras droit.

E E Les quatre pieds de devant.

F F Les pieds d'aprés.

G G La quatriéme paire de pieds dans laquelle il y a cela de conſiderable, que ces jambes ou pieds à l'endroit marqué L, ſont percez par deux petits conduits ou canaux qui portent ou les œufs de la femelle, ou la ſemence du mâle.

H H Trois antennes ou ſoyes diviſées par de petites articulations auſquelles les œufs ſont attachés ou collés.

K Le point auquel ſe réuniſſent tous les tendons des muſcles du corps du poiſſon, qui tient toûjours attaché à cet endroit de ſa coquille tellement qu'il ne la peut quitter.

LA queuë composée de deux articulations. A
Le velabrum du podex qu'il peut courber B
en dedans, & mettre a couvert sous sa queuë.

L'intestinum rectum. C

Trois osselets testacés avec leurs articula- D D
ons des deux costés de la queuë.

Partie de l'intestinum grêle. E

Le cœur ou quelque partie analoque au cœur. F

Ses apendices, comme elles sont situées, ce G G
qui est tres-remarquable dans ce sujet.

Le commencement des appendices dans la H H
poitrine, qui sortent de deux conduits à part.

Les apendices que l'on a representées sous les I I
lettres HH dans leur situation naturelle, sont
representées tout étenduës sous les lettres I I

TABLE IV.

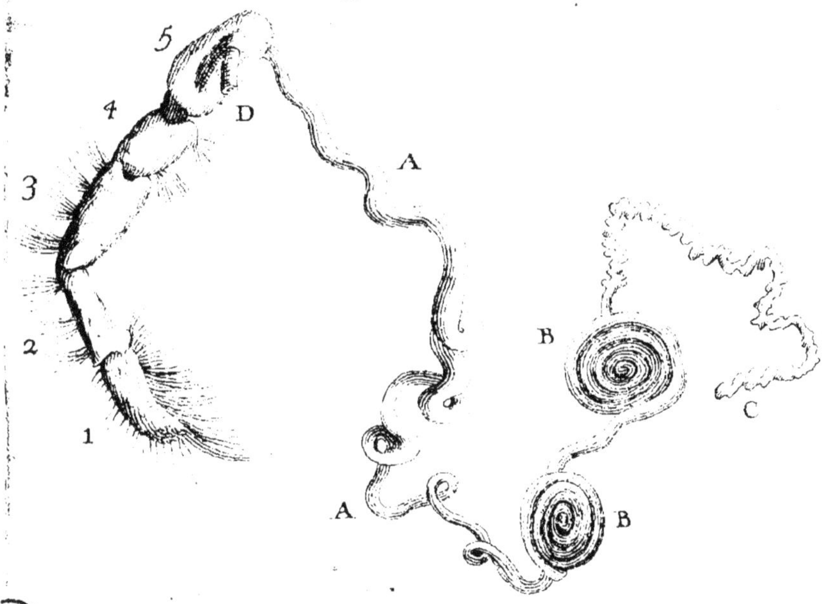

UN des pieds de la quatriéme paire, figuré à part plus grand que nature avec le vas genitale qui le perce.

Les cinq articulations de la partie anterieure des pieds.

A A Les inflexions du vaſe genitale.

B B L'endroit où il ſe tourne en ſpirales.

C Son extremité.

D L'endroit où le vas genitale perce la quatriéme paire des pieds.

TABLE V.

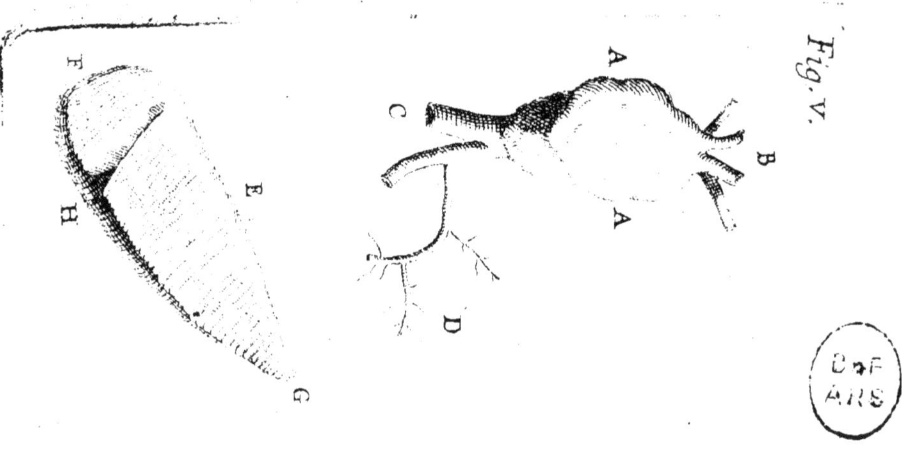

LE cœur. A A

Quatre vaiſſeaux, qui de la poitrine paſ- B
ſent dans le cœur.

Deux vaiſſeaux qui ſortent du deſſous du C
cœur.

Quelques vaiſſeaux décharnés qui contien- D
nent le ſang.

Une de ſes ouyes ou bronchiæ. E

La partie la plus époiſſe des bronchiæ, F

La diuiſion de l'ouye en ſes lamelles. G

La ligne blanche que l'on voit au milieu, H
marque que les cartilages, le long deſquels ſont les vaiſſeaux qui contiennent le ſang, ſont en cet endroit plus époiſſes & plus blanches.

TABLE VI.

A A LE cerveau.

B B Les nerfs optiques dilatés.

C Le commencement de la moëlle de l'épine du dos.

D Le premier gonflement ou nœud de la moëlle ſpinale avec les nerfs qui en ſortent.

E Cinq autres gonflemens ſemblables.

F Les nerfs qui partent du tronc de la moëlle

G D'autres nerfs qui ſe croiſent.

H Partie de la coquille que l'on a laiſſée ſur le nerf optique que l'on voit paſſer deſſous.

I La tunique cornée.

K Une ſubſtance ſemblable à de la gelée que l'on voit dans l'œil, ſur les fibres piramidales, elle a la figure d'une exagone.

L Les fibres pyramidales dans une ſituation contraire à la naturelle.

M La partie noire des fibres pyramidales qui prend ſon origine de la tunique Vuée.

N La partie inferieure de ces fibres de couleur brune.

O O La partie du milieu de ces fibres qui eſt plus claire.

P P Partie de cette même fibre renverſée veuë avec un microſcope, qui groſſiſſoit d'avantage l'objet; avec ſon ſecours l'on voit que chaque fibre eſt compoſée de pluſieurs autres, chacune deſquelles fibres eſt encore compoſée de petits globules reguliers.

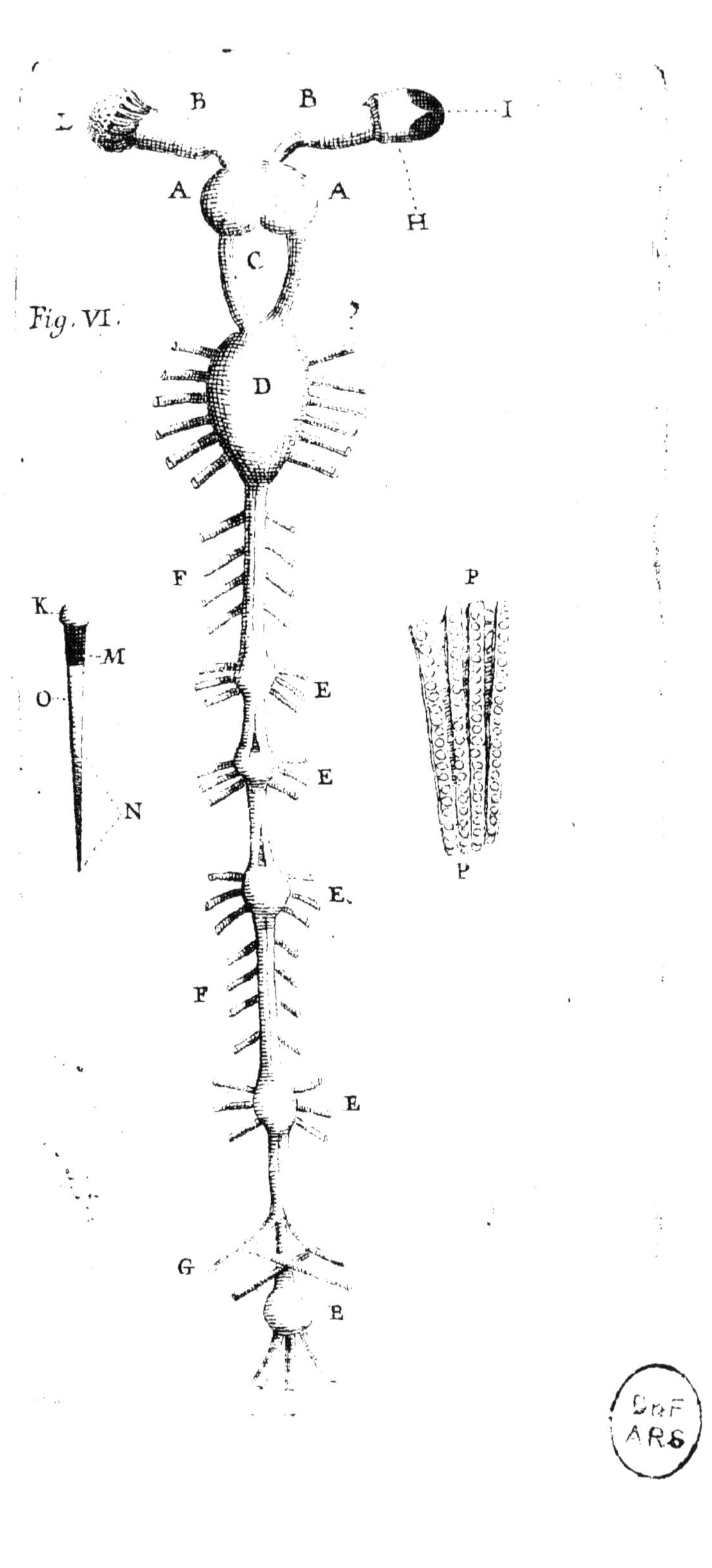

Fig. VI.

LE CABINET DE Mr. SUUAMMERDAM, DOCTEUR EN MEDECINE, OU CATALOGUE

De toutes sortes d'Insectes, & de diverses preparations Anatomiques, que l'on peut dire être un supplément tres-considerable de l'Histoire naturelle des Animaux.

QUINZE Boëtes de Mouches de divers païs.

14. B. de Papillons qui ne volent que de nuit.

8. B. de Papillons qui ne volent que de jour.

10. B. de Scarabei.

3. B. de diverses manieres de Nids que font les Insectes, tant grands que petits.

1. B. d'œufs d'Insectes, differens en figure & en couleur.

1. B. de Vers & de Chenilles.

1. B. de Verues qu'on voit sur les arbres & sur leurs feuilles.

1. B. de quantité de peaux que les Insectes quittent quand ils se dépoüillent.

1. B. où les Insectes sont dans l'état où ils se trouvent lorsqu'ils sortent de leurs chrysallis ou coques.

1. B. de toutes sortes de chrysallis ou coques, ou sont les trois ordres entiers, dont il a parlé dans son Livre des Insectes.

1. Nid à quatre étages, fait par des Calabroni ou Mouches guespes, haut de six poulces, & large de sept, basty sur des colomnes.

1. B. de plusieurs sortes de Sauterelles.

1. B. de Scarabei ou Escarbots du Japon, & autres endroits des Indes.

1. B. de Scorpions des Indes Orientales & Occidentales; la Scolopendra & le Phalangium, qui est la plus grande sorte d'aragnées, & autres.

1. B. avec des Insectes aquatiques, à sçavoir le Moucheron, la Punaise, l'Escharbot, le Scorpion de mer, le Poû d'une Balaine. Diverses sortes d'Asellus de mer. Et des vermisseaux qui demeurent dans des tuyaux, avec plusieurs autres.

1. B. d'Ephemeres, où l'on voit le ver tant mâle que femelle, avec la maniere dont il se dépoüillent de leur premiere & deuxiéme peau, & toute l'histoire de cét animal, qui ne vit que cinq heures, pendant lesquelles il naist, il érend ses membres, est jeune; change deux fois sa peau, fait des œufs, jette des semences, vieillit & meurt. Comme on peut voir dans l'histoire imprimée chez wolsang à Amsterdam en Hollandois, & dans la traduction que l'on en imprime à Paris.

1. B. où est toute l'anatomie d'un ver à soye, où l'on demontre son estomach; les rameaux de l'aspera arteria; la vesica pneumatica, le penis, les testicules, les vesicules seminales, le cœur, les vaisseaux qui contiennent la soye, l'Ovarium, les vaisseaux qui contiennent la colle, qui sert pour coller les œufs. Un ver à soye tout entier embaumé: & la maniere comment la peau est separée du corps, dans son dépoüillement, l'on y découvre les ramifications de l'aspera arteria, qui chan-

gent mesme en dedans le corps : avec beaucoup d'autres parties tres-curieusement observées.

1. B. avec toute l'anatomie d'un Cossus, ou grand ver qui ronge le bois, & se change en Scarabeus Nasicornis : l'on y voit sa Nympha autrement chrysallide, ou cocque, & presque les mesmes parties du ver à soye.

88. Images ou figures au vif d'Insectes étrangeres, d'Afrique, d'Amerique, du Japon, & de divers quartiers des Indes Orientales.

DIVERSES PARTIES DU *Corps Humain, ou d'autres Animaux embaumées.*

UN Garçon âgé d'un mois, qui est avec toutes ses entrailles dans une bouteille embaumé en un baume transparant, où il est depuis l'an *1669.*

1. Embryon mâle de six mois, avec le funiculus umbilicalis, qui est encor attaché aux corps, & à la placenta, dont les veines sont remplies d'une couleur rouge, aussi dans un baume transparent.

1. Embryon femelle de quatre mois, de mesme.

1. Embryon mâle de trois mois, de mesme.

1. Serpent entortillé, de mesme.

2. Poussins avec l'Ovarium, de mesme.

Les filets du testicule d'un rat, démeslez, embaumés de mesme.

Toutes les parties d'un ver à soye, ainsi qu'elles sont pliées dessous sa peau dans le temps, qu'il est sur le point de prendre la figure de la Chrysallis ou cocque, preparées de mesme.

Les Vermisseaux de l'Ephemere, dont il a fait imprimer l'histoire, qui s'imprimera en François.

Le Chorion d'un Cheval, qui est de deux pieds de longeur & d'un pied & demy de largeur, dont les vaisseaux sont remplis de cire, les veines d'une cire rouge, & les arteres d'une cire rougeâtre.

Le Poulmon d'un Homme, ou l'aspera arteria, l'arteria pulmonalis, la vena pulmonalis & l'arteria bronchialis, sont preparées: l'aspera arteria est remplie de cire jaune, l'arteria pulmonalis d'une rouge, la vena pulmonalis, d'une rougeâtre. On voit dans la superficie de l'aspera arteria la bronchialis, qui quoy qu'elle soit extremement petite, est remplie d'une couleur de feu: & par ce moyen on la découvre & dans les tuniques du poulmon, & dans celles des autres vaisseaux, car c'est elle qui nourrit toutes les parties du poulmon. Nota Cette maniere de preparer les parties est admirable & a esté inconnuë jusques à cét heure. Mais ce qui est le plus surprenant, c'est qu'il n'y a aucune ramification de l'aspera arteria, quelque petite qu'elle soit, qui ne se voye remplie de cire jaune, jusques au plus petites vessies. En voicy la figure.

A. *l'Aspera arteria.* B. *ses Vessies.*

Une autre partie du poulmon d'un homme mais plus petite preparée de mesme, avec des cires de differentes couleurs.

Le foye d'un chat, ou la veine porte est preparée avec de la cire blanche, & la veine cave avec de la cire rouge, on y voit avec plaisir & admiration, comment ces vaisseaux y sont entremélez.

Une squelette d'un embryon de six mois, ou les ossemens de l'oüye & le circulus osseus sont preparez, & le meatus auditorius, qui est encores en ce temps-là une membrane. L'on y voit encore les cartilages.

Les boyaux & l'estomach du mesme Embryon, sans que les intestins y soient differents en grandeur.

Tous les vaisseaux du foye du mesme Embryon y sont separés de leur parenchyme, collés sur du papier, & imbus d'une couleur de pourpre : la vessie du fiel s'y voit aussi.

La matrice du mesme Embryon.

Un Embryon d'un mois, conservé dans une gomme transparente, mais ses parties ne paroissent pas fort distinctes.

Un squelete d'un Embryon de trois mois.

Une autre squelete d'un Embryon de trois mois, avec le chorion, l'amnion & la placenta, dont les plus petits vaisseaux, & leurs ramifications sont separée de son parenchyme, les ossemens du cranium en sont monstrueux.

La veine porte du mesme Embryon, avec le folliculus fellis, separés de leur parenchyme, collés sur du papier, & imbu d'une couleur de pourpre.

L'estomach du mesme Embryon.

L'aspera arteria d'un chien.

Les vaisseaux capillaires dans l'estomach du fœtus d'une vache, d'une couleur noire.

Trois extremitez de la placenta d'un fœtus vivus, coloré de pourpre couleur de rose, & collé sur des papiers.

La teste ou le cranium d'un babirousse, animal des Indes, moitié cerf moitié pourceau.

L'épine du dos d'un oiseau, ou tous les tendons du muscule sacrolumbus, sont devenus des os.

La squelete d'un Embryon de cinq mois, ou la clavicule du bras droit est dé-ja tout entierement os, & celle du bras gauche n'est que membraneuse, ce qui est une observation fort curieuse.

L'os spongieux de l'oüye d'un Elephant.

L'incus de l'oüye d'un Elephant.

L'organe de l'odorat d'un oiseau Indien qu'on appelle *Iaur-vogel*.

L'organe de l'odorat d'un cheval.

La squelette d'une Tortuë, ou toutes les sutures sont dentées, & c'est ce qui est de plus considerable dans cét animal.

Une boëte avec quantité de dens, ou il y en a entr'autre une d'une vache de mer, qui découvre évidemment, que la croute exterieur des dens, est composée d'une infinité de filets, qui sont rangez comme ceux du velours, d'où vient que la croute exterieure des dents est si dure.

Dans la mesme boëteil y en a une moindre, ou il n'y a que des dents d'hommes, depuis celles d'un Embryon de six mois, jusques aux dents parfaites.

Les commencemens des dents dans un Embryon d'agneau, les osselets de l'oüye, & la squelette d'un agneau.

La machoire inferieure d'un fœtus, ou on voit comment les dents se poussent l'une l'autre.

La squelette d'un agneau qui n'est pas

plus grand que d'un doigt.

Un agneau embaumé avec sa chair.

Trois labyrintes de l'oüye de l'homme avec la cochlea, une toute entiere, l'autre ouverte, & la troisiéme preparée, ensorte que l'on y peut voir les entrées.

Le tympan, la cochlea, les osselets de l'oüye, & tout ce qui en dépend: comme aussi lestapes de l'organe de l'oüie d'une baleine.

La squelette d'une Chauve-souris, celle d'un oiseau de Canarie, & d'un autre oiseau nommé Colibri, un de l'Isle de Curacao entier, avec ses plumes de couleur de feu, & d'un verd qui brille : c'est le plus petit des oiseaux connus.

Le ductus thoracicus tout entier d'un homme de quarente ans, avec son commencement dans le mesentere, & son insertion dans la rivarication de laveine cave & de l'axillaire, remplis de cire blanche, & les veines de cire louge. On y voit aussi comment les vaisseaux dymphatiques se communiquent, avec le conduit du chyle.

Les arteres du testicule d'un Taureau; tant celles que l on appelle preparatoires, que celles qui entrent dans le testicule mesme, remplies de cire verte.

Les vasa preparantia des testicules d'un homme, remplis de cire rouge.

Pancreas de divers Animaux : dont le suc n'eſt nullement acide.

Veſicules ſeminales d'un homme.

Le clitoris avec ſes jambes, tant interieures, qu'exterieurs, comme il les a décrites dans Livre appellé *Miraculum naturæ*, qui eſt une Anatomie tres-exacte des parties de la Femme.

Pluſieurs penes d'hommes preparez par Mr. SWammerdam, les uns d'une maniere, & les autres d'un autre.

Le penis d'un heriſon & celuy d'un chien.

Un Embryon de cinq mois, embaumé, ou ou l'on voit les vaiſſeaux vmbilicaires, le foye & les inteſtins.

La bourſe du Chat qui porte la civette embaumée tres-curieuſement.

La veſie du fiel d'un homme avec ſes arteres, remplies de cire rouge. Sept pierres preſque carées, trouvées par Mr. Swammerdam, dans la veſicule du fiel d'un homme.

Les ramaux de la veine porte, l'artere hepatique, & les vaiſſeaux du fiel, en leur ſituation naturelle, le tout remply de cire : de ſorte qu'on peut diſtinguer la veine porte qui eſt d'une couleur rougeâtre, l'artere rouge & les conduits du fiel jaunes, dont on voit les ramificationsqui s'entortillent tantoſt deſſus, tantoſt deſſous.

Une boëte avec quantité de boyaux, tant

d'hommes que d'autres animaux. Dans la mesme boëte est aussi le processus peritonei, ainsi qu'il est naturellement, & aussi comme il est étendu dans une rupture, comme Mr. Swammerdam la communiqué à Mr. Schrader, qui en a donné la figure dans son Livre des observatiõs d'Harveus reduites en ordre.

Quatre rattez des veaux, preparées d'une maniere differente, avec leurs vaisseaux & parenchymes: les vaisseaux sont remplis de cire rouge & rougeâtre, & le parenchyme est comme une éponge, &c.

Les filets dont sont composez les testicules, tant des hommes que des rats, en cette preparation, on donne un corps à ces filets, sans que la figure se change.

Deux cœurs l'un d'un homme, & l'autre d'un veau, embaumez, & preparez à la maniere de Mr. Stenon. Le foramen oval, encores un peu ouvert, en un homme de trente deux ans.

Quelques morceaux des bronchiæ ou oüyes de deux ou trois sortes de poissons, remplies de cire.

Les arteres du cerveau, preparées & separées de leur parenchyme, à la maniere ordinaire.

Un petit morceau de la peau d'un fœtus, ou il a preparé les vaisseaux capillaires, qu'on trouve dans la cuticule, & qui sont cause que la peau du foetus eſt rougeâtre lorſqu'il vient au monde, la tuba d'un mouton.

Le fonds, le col, les tubes & les arteres d'une matrice, dont les arteres ſont remplies de cire rouge. Deux autres matrices, preparées à la maniere ordinaire, &c.

La matrice d'une vierge ou ſont preparez les tubæ fallopianæ, les ligamens, la vagina: & les veines avec les arteres, qui ſont remplies d'une cire rouge & rougeâtre : de ſorte qu'on peut voir les vaiſſeaux capillaires, plus déliez que des cheveux, tant dans le corps de la matrice, que ça & là dans ſes membranes. On voit encore que les veines ont leurs arteres. dans l'ovarium il y a quelques oeufs preparez.

La placenta uterina d'une accouchée ; dont le funiculus umbilicalis, avec tous ſes entortillemens eſt entier, ou l'arteres & les veines, qui la compoſent, ſont remplies d'une cire differente, qui a penetré juſques aux extremitez de la placenta. Le funiculus eſt long de ſeize poulces.

Un autre placenta uterina, dont les arteres & veines ſont de la meſme maniere remplies de cire, ſans que le parenchyme en ſoit ôté.

Neuf oeufs d'une femme dont quelques uns ont encor leurs vaiſſeaux.

Une tuba fallopiana, avec partie du muſcule d'un homme, preparez d'un autre maniere.

Une des placentulæ d'une vache, remplie de cire.

Partie de l'amnion d'un cheval, &c.

Le Remora avec quelques autres animaux.

Des poulmons de grenoüilles, dont les arteres dans la partie convexe, & les veines dans la partie concave, sont remplies de mercure.

Quelques grenoüilles embaumées.

Vne boete avec des écrevices tres-rares.

Le nid d'un colibri, avec sa squelette, & un autre avec ses plumes.

Vne boete avec plusieurs choses de mer.

Vne autre boete avec des écrevices, & un autre espece de Remora.

Vne boete avec des Lezards volants aportés des Indes.

Une autre avec la Salamandre aquatique, & autres choses.

Vne boete avec des étoilles de mer; ou l'on voit entr'autres la Stella arborescens de rondelet.

Vne autre avec des oeufs de divers oiseaux.

Vne pareille avec quantité d'oeufs, ou il y a un nid de cotton, que des oiseaux des Indes attachent au branches des arbres.

Vne boete de diverses plumes de differentes couleurs.

Encor une boete avec des écrevisses, ou il y a entr'autres raretez un petit poisson, que l'on trouve sur les plus hautes montagnes.

Vne boite avec des füeilles, dont les fibres sont découvertes, &separées de leur parenchyme.

Vne boete avec des squelettes de grenoüilles, & quelques autres de leurs parties.

Vne grande boete avec des coquilles dissequées & anatomisées de diverses manieres differentes, pour faire voir leur structure, figure interieure, & la diversité de leurs entortillemens admirables.

Quantité d'œufs de limaçons de cette grandeur o o o OOO, lesquels M. SWammerdam, a tiré hors de l'uterus, du limaçon vivipare.

Les parties du Corail, sur des morceaux de verre, pour faire voir leur structure, ses boules crystallines, comme on le peut voir dans sa Lettre adressée au Sr. Bocconi.

Vn injection d'estain dans le poulmon d'un agneau tres-curieuse, un autre injection faite dans le pores, des roseaux ou cannes d'Inde.

Vne boete avec des aiguillons de moûches à miel, &les vesies qui contienent le venin de leurs aiguillons.

C'est-là le Catalogue des choses que il a ramassées, & d'un nombre considerable de preparations Anatomiques qu'il a faites en seize ans de temps.

CE Cabinet de Mr. Suvammerdam, tire ſon principal merite de ce qu'il y a mis de ſon induſtrie, & de ſes preparations Anatomiques, celuy de feu Monſieur ſon Pere, qui eſt maintenant à vandre à Amſterdam eſt peut étre un des plus grands qui ſoit en l'Europe, il y avoit mis tout ce qui eſt venu de plus curieux des Indes Orientales & Occidentales, dans l'eſpace de cinquante ans, qu'il a employé à le faire.

EXPLICATION DE LA CARTE DE LA DECOUVERTE DE LA TERRE D'IELMER, au de-là de la Nouvelle Zemble, & des routes pour passer par le Nort au Japon, à la Chine, & aux Indes Orientales.

OUTRE les deux routes de la Navigation des Indes Orientales par le Cap de bonne Esperance, ou par les Detroits qui sont au bout de l'Amerique Meridionale, les Hollandois ont tenté celle de Waygats, & de la nouvelle Zemble, par le Nort; & les Anglois celle des Détroits de Davis, & d'Hudson par le Nordoest. Les Hollandois estoient rebutez de leur costé, lorsque Cornelis Ielmersen Kok, ayant trouvé la mer ouverte au delà de la pointe la plus Orientale de la nouvelle Zemble marquée L, il s'hazarda d'y naviger, & reconnut la coste de la Terre-ferme, qui refuyoit au Surest jusques au 73. degré, marquée M, qu'il nomma Terre d'Ielmer.

Les Entrepreneurs de cette Découverte y envoyerrent d'autres Vaisseaux l'année 1669. ils me parlerent de leur dessein de passer par là au Nort des Terres d'Iezo, que j'ay décrites dans mon premier Volume, & qui sont marquées dans cette Carte par les lettres D, B, G, I; & d'entrer par le Détroit de Uries I, dans les Mers du Japon & de la Chine.

Feu Monsieur de Wit Pensionnaire d'Hollande estoit persuadé, que le passage seroit plus facile en s'élevent jusques sous le Pole; sa raison estoit, que par le 82, & 83. degré l'on avoit vû des herbes & des animaux, qui paissent sur les costes de Spitzbergue, & que ces quartiers estans plus temperez que les costes de la nouvelle Zemble, on pourroit eviter par là les glaces, qui sont causes des grands froids quel'on y souffre, & qui ont toûjours empêché le bon succez de ces entreprises: mais je n'ay jamais pû sçavoir de luy comment il prétendoit que l'on s'y pût servir de la Boussolle: car sous le Pole la Boussolle ne marque que le Sud & le Nord, & la maniere de sçavoir l'Est & l'Oest par les horloges, & la veuë du Soleil est trop incertaine pour y hazarder la vie de tout un équipage, & le succez d'une semblable entreprise.

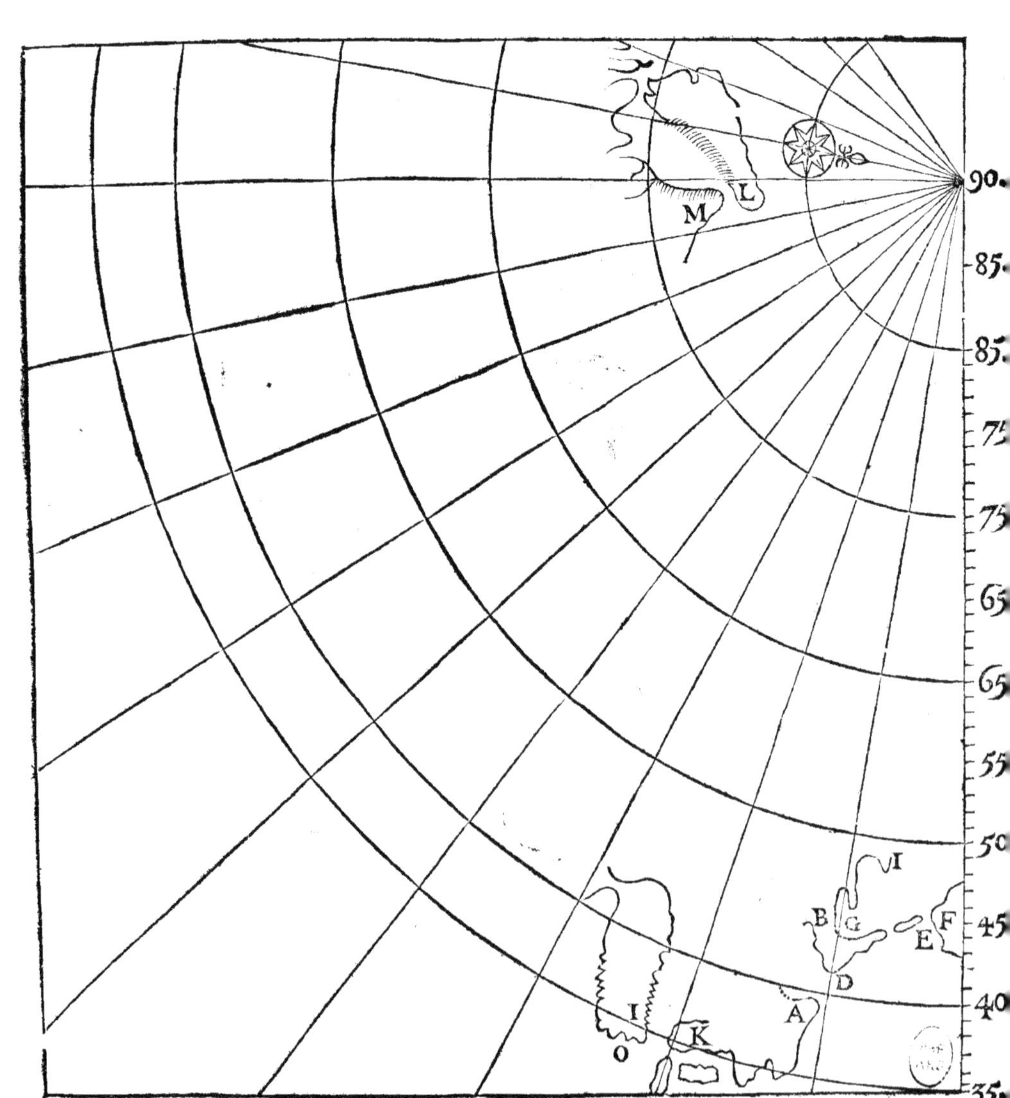

www.ingramcontent.com/pod-product-compliance
Ingram Content Group UK Ltd.
Pitfield, Milton Keynes, MK11 3LW, UK
UKHW020556180726
13838UKWH00001B/283